MARCO POLO

Kaliningrader Gebiet

Königsberg
Kurische Nehrung

Reisen mit Insider Tipps

Diesen Reiseführer schrieb Thoralf Plath. Der Journalist lebt seit mehreren Jahren im Königsberger Gebiet und arbeitet dort als Text- und Bildautor für deutschsprachige Printmedien.

www.marcopolo.de
Infos zu den beliebtesten Reisezielen im Internet, siehe auch Seite 96

MAIRS GEOGRAPHISCHER VERLAG

SYMBOLE

Insider Tipp **MARCO POLO INSIDER-TIPPS:**
Von unserem Autor für Sie entdeckt

★ **MARCO POLO HIGHLIGHTS:**
Alles, was Sie im Kaliningrader Gebiet kennen sollten

HIER HABEN SIE EINE SCHÖNE AUSSICHT

WO SIE JUNGE LEUTE TREFFEN

PREISKATEGORIEN

Hotels

€€€	über 100 Euro
€€	50–100 Euro
€	unter 50 Euro

Die Preise gelten für zwei Personen im Doppelzimmer mit Frühstück pro Nacht.

Restaurants

€€€	über 40 Euro
€€	15–40 Euro
€	unter 15 Euro

Die Preise gelten für ein Essen mit Suppe, Haupt- und Nachspeise und Getränk.

KARTEN

[108 A1] Seitenzahlen und Koordinaten für den Reiseatlas Kaliningrader Gebiet

[U A1] Koordinaten für die Kaliningradkarte im hinteren Umschlag

[0] außerhalb der Kaliningradkarte

Karte »Königsberg 1932« auf Seite 36

Zu Ihrer Orientierung sind auch die Orte mit Koordinaten versehen, die nicht im Reiseatlas eingetragen sind.

GUT ZU WISSEN

Kaliningrader Spezialitäten **20** · Deutsch-Russisches Haus **32**
Baltisches Gold **48** · Tilsiter Käse **63** · Wanderdünen **77**
Alphabet und Umschrift **102**

INHALT

Die wichtigsten MARCO POLO Highlights

Sehenswürdigkeiten, Orte und Erlebnisse, die Sie nicht verpassen sollten

1. **Amalienau**
Von allem, was an Königsberger Villenpracht stehen geblieben ist, finden Sie hier das edelste (Seite 28)

2. **Dom (Kafedralnyj Sobor)**
Der symbolträchtigste Ort in Kaliningrad verdankt seine Rettung Immanuel Kant (Seite 29)

3. **Zentralnyj Rynok**
Auf dem Kaliningrader Zentralmarkt schlägt der Puls der Stadt (Seite 38)

4. **Gwardejsk (Tapiau)**
In Lovis Corinths Geburtsort lebt noch der Zauber ostpreußischer Landstädte (Seite 40)

5. **Leuchtturm (Majak)**
Am Pillauer Hafen begrüßt seit 190 Jahren Karl Friedrich Schinkels Leuchtturm die einlaufenden Schiffe (Seite 44)

6. **Zitadelle (Krepostj)**
In der mächtigen Pillauer Ostseefestung verschanzt sich heute die russische Marine (Seite 45)

7. **Rominter Heide**
Packen Sie Ihren Rucksack und wandern Sie los – mitten hinein in Louis Passarges »Waldungeheuer« (Seite 54)

Strand bei Swetlogorsk

Markthalle in Kaliningrad

Leuchtturm in Baltijsk (Pillau)

8 Tschistyje Prudy (Tollmingkehmen)
Der Pastor eines kleinen ostpreußischen Dorfs hat große Literaturgeschichte geschrieben (Seite 55)

9 Majowka (Georgenburg)
Wie in früheren Zeiten werden auf der Ordensburg an der Inster edle Trakehner gezüchtet (Seite 56)

10 Hohe Straße (Uliza Pobedy)
Tilsits Jugendstilfassaden haben zwar viel von ihrer alten Pracht verloren, doch hier können Sie immer noch herrlich flanieren (Seite 61)

11 Luisenbrücke (Most Korolewyj Luisy)
Das berühmte Wahrzeichen von Tilsit droht zum Symbol der Trennung zu werden (Seite 62)

12 Matrosowo (Gilge)
Nicht nur für Nostalgiker: das idyllische Haffdorf am Gilgestrom (Seite 66)

13 Fringilla (Polewoj Stanzionar)
Schauen Sie zu, wie die Zugvögel auf der Kurischen Nehrung einen Personalausweis bekommen (Seite 73)

14 Selenogradsk (Cranz)
Das einst mondänste Seebad an der Ostsee erwacht wieder aus seinem Dornröschenschlaf (Seite 76)

15 Swetlogorsk (Rauschen)
Entdecken Sie den schönsten Kurort der Küste, das »Sotschi des Nordens« (Seite 79)

★ Die Highlights sind in der Karte auf dem hinteren Umschlag eingetragen

Entdecken Sie das Kaliningrader Gebiet!

Im früheren Königsberg begegnen sich Ostpreußen und die Sowjetunion, Europa und das neue Russland

Billig und meist überfüllt: Kaliningrads Straßenbahn

Ganz gleich, ob Sie aus Ost oder West nach Kaliningrad kommen: Die Stadt ist ein Phänomen, eine Symbiose voller Kontraste, mit Bildern, die nicht recht zueinander passen wollen: Die zierliche Schillerstatue am Theater – sie blieb als eines der wenigen Denkmäler aus deutscher Zeit erhalten – ist von gepflegten Blumenrabatten umgeben. Doch den Figuren der Stadtgründer am Königstor fehlen bis heute die Köpfe, Soldaten der Roten Armee enthaupteten die »Feinde« nach der Erstürmung Königsbergs im April 1945. Vor der Universität grüßt wieder Immanuel Kant von seinem Postament. Nebenan, am Hansaplatz, schaut ein haushoher Bronze-Lenin kühnen Blicks in eine Zukunft, die längst Vergangenheit ist. Hinter dem Rücken des Revolutionärs baut die orthodoxe Kirche ihre riesige Erlöserkathedrale. Russlands zweitgrößte Kirche soll es werden, der Fünfkuppelbau wird alles Übrige überragen. Auch den alten deutschen Dom. Vor allem den Dom. Zugleich soll das 1968 gesprengte Schloss wieder aufgebaut werden.

Die Menschen hier, vor allem die jüngeren, fühlen sich als Teil Europas, sie suchen dort Anschluss und Orientierung. Auf den Straßen der 425 000-Einwohner-Stadt sieht man fast nur noch ausländische Automarken. Überall öffnen moderne Läden. Wer aus Russland nach Kaliningrad reist, empfindet die Stadt als jung, selbstbewusst, lebendig und europäisch. Besucher aus dem Westen haben ihre Schwierigkeiten, das so zu sehen. Vor allem, wenn sie die alte Metropole Ostpreußens noch aus eigenem Erleben kennen: Wer an Königsberg

Der Dohnaturm, 1850 als Teil der Stadtbefestigung erbaut, beherbergt heute das Bernsteinmuseum

Geschichtstabelle

Um 1000 v. Chr. Baltische Völker besiedeln das Gebiet

100 v. Chr. Tacitus berichtet über den Bernsteinhandel der Römer an der samländischen Küste

965 Der arabische Reisende Ibrahim Ibn Jacub nennt erstmals den Sammelbegriff Pruzzen für die nördlich der Weichsel lebenden Stämme

1225/26 Herzog Konrad von Masowien ruft den Deutschen Orden im Kampf gegen die heidnischen Pruzzen zu Hilfe

1283 Nach blutigen Ausrottungszügen gilt die Christianisierung der Pruzzen als abgeschlossen. Mit einer Einwanderungswelle aus Deutschland beginnt im neuen Ordensstaat die Besiedlung

1410 Schlacht bei Tannenberg. Ein polnisch-litauisches Heer fügt dem Deutschen Orden eine vernichtende Niederlage zu

1525 Albrecht von Brandenburg-Ansbach wandelt den Ordensstaat in ein weltliches Fürstentum um. Albrecht wird erster Herzog, Ostpreußen protestantisch

1701 Friedrich III., Sohn des Großen Kurfürsten, krönt sich zum König Friedrich I. in Preußen

1755 Immanuel Kant wird als Privatdozent zugelassen und hält seine erste Vorlesung an der Universität

1919/20 Volksabstimmungen im südlichen Ostpreußen. Die große Mehrheit votiert für den Verbleib bei Deutschland

1944 Bombenangriffe zerstören das Zentrum Königsbergs und mehrere Städte der Provinz

1945 In der Potsdamer Konferenz fällt der Norden Ostpreußens unter sowjetische Verwaltung

1946 Umbenennung sämtlicher Orte. Aus Königsberg wird Kaliningrad

1947/48 Systematische Vertreibung der deutschen Bevölkerung, zugleich Ansiedlung neuer Bewohner aus allen Teilen der Sowjetunion

1951 Kaliningrad wird für vier Jahrzehnte zum hermetisch abgeriegelten Militärsperrgebiet

1991 Öffnung des Kaliningrader Gebiets für Ausländer

1996 Kaliningrad erhält den Status einer Sonderwirtschaftszone mit Zoll- und Steuerprivilegien

2003 Moskau und Brüssel einigen sich über Visaerleichterungen im Transitverkehr zwischen der künftigen EU-Exklave Kaliningrad und dem russischen Kernland denkt, erlebt Kaliningrad als Schock. Das historische Zentrum ist ausgelöscht. Es wich einem Gebirge gesichtsloser Wohnblocks.

Etwas mehr als ein Jahrzehnt ist es her, seit Kaliningrad, bis 1991 als sowjetischer Militärsperrbezirk von der Außenwelt abgeriegelt, auf Europas Landkarte zurückkehrte. Die Öffnung der Grenzen kam einem Dammbruch gleich. Wohl ist mancher euphorische Traum geplatzt und neuen Ängsten gewichen. Wer spricht hier heute noch von der Freihandelsvision eines »Hongkong an der Ostsee«? Die *Kaliningradskaja Oblast,* das Kaliningrader Gebiet, eine Region von der Größe Schleswig-Holsteins und seit dem Zerfall der Sowjetunion eingeklemmt zwischen Polen und Litauen, liegt mitten im EU-Meer – als russische Insel, deren 940 000 Bewohner nun die nächste Robinsonade fürchten. Zurück aber wird sich die Zeit nicht drehen lassen, dazu hat sich zu viel getan. Für die junge Generation trägt die Stadt längst wieder ihren alten Namen: »Kenig« ist Kult. Graffitisprayer sprühen es neonbunt an die Betonwände der sowjetischen Wohnblocklandschaft.

Weite, wie verlassen wirkende Landschaften

So voller lebendiger Kontraste Kaliningrad steckt, so still wird es draußen auf dem Land. Endlose Alleen begleiten Ostpreußens Chausseen, grünschattige Tunnel, die in weite, wie verlassen wirkende Landschaften führen. Die Dörfer verfallen, viele lösen sich langsam auf, mehr als 300 Ortschaften sind in den letzten Jahrzehnten verschwunden. Nach der Vertreibung der angestammten Bevölkerung begann Moskau gezielt, die deutschen Spuren zu tilgen. Rücksichtslos wurden Kirchen und Schlösser abgerissen, 700 Jahre

Einkaufsbummel auf dem Leninskij Prospekt, dem ehemaligen Steindamm

ostpreußische Geschichte sollten sich in Luft auflösen. Was überdauerte, erledigt nun vielerorts die Not: Die Menschen auf dem Land leben in Lethargie und bitterer Armut. Sie zerstören historische Gebäude, um die Ziegelsteine für ein paar Rubel zu verkaufen. Denn Deutschlands einstige Kornkammer ernährt, seit das sowjetische Experiment gescheitert ist, heute nicht einmal mehr die eigene Bevölkerung. Drei Viertel des Ackerlands liegen brach. Was blieb und sich unaufhaltsam ausbreitet, ist die Natur. Wild, weit, melancholisch. Überall, wo sich das Land öffnet, sieht man Störche. Die atemberaubende Weite und der hohe, klare Himmel des Ostens geben der versunkenen Kulturlandschaft etwas Versöhnliches.

»Drei Viertel des Ackerlands liegen brach«

Die Wurzeln der Siedlungsgeschichte reichen tief in dieser Region, deren Schicksal darin zu liegen scheint, Mittel- und Osteuropa miteinander zu verbinden. Seit Menschengedenken zogen Händler aus dem Orient auf der legendenumwobenen Bernsteinstraße hierher, um in den Besitz des begehrten baltischen Goldes zu gelangen. Im 13. Jh. drang der Deutsche Orden in das Land vor, unterwarf und christianisierte die hier überwiegend vom Ackerbau lebenden Stämme der baltischen *Prusai*, Pruzzen. Von ihnen blieb nur der Name: Aus Pruzzen wurde Preußen.

Ostpreußen ist Geschichte. Doch es gibt unglaublich viel zu entdecken auf ihren Spuren, was dort besonders reizvoll wird, wo Gegenwart an Tradition anknüpft. Ein Gestüt bei Insterburg züchtet edle Trakehner und bietet Ausritte durch die Heimat der wohl berühmtesten Pferderasse Europas an. Tilsit, das Handelszentrum an der Memel, lockt zum Bummeln durch die historische Altstadt. Im Ostseebad Rauschen, das heute Swetlogorsk, Stadt des Lichts, heißt und bei der Wahl des schönsten Orts im Kaliningrader Gebiet kaum zu schlagen wäre, blüht der Strandtourismus. Als Mythos lebt Ostpreußen vor allem in seinen Landschaften weiter: in der Rominter Heide, einem der letzten Urwälder Europas, den Elchwäldern im Memeldelta, an der Bernsteinküste bei Palmnicken, wo das Gold der Ostsee in so gewaltigen Mengen vorkommt, dass man es seit 130 Jahren im Tagebau fördert. Und wer hätte nicht schon von der Kurischen Nehrung gehört, einer über 100 km langen, sichelförmig geschwungenen, die Ostsee vom Kurischen Haff trennenden Landzunge, über die schon der Wissenschaftler und Weltenbummler Wilhelm von Humboldt schwärmte, man müsse sie eigentlich ebenso wie Italien und Spanien gesehen haben, »wenn einem nicht ein wunderbares Bild in der Seele fehlen sollte«? Die herbe, fast übersinnliche Schönheit dieses Landstrichs mit seinen Wanderdünen und eigentümlichen Bewohnern zog Künstler magisch an. Max Pechstein malte die Welt aus Sand, Salz und Himmel in expressionistischer Farbwucht, Thomas Mann ließ sich dort ein Ferienhaus bauen.

Fünf Jahrzehnte lang lag die Kurische Nehrung hinter dem Eisernen Vorhang. Heute verläuft quer über diese einzigartige Küstenlandschaft eine Grenze, und besonders

Hafenstadt Kaliningrad: Schiffe am Pregelkai

im nördlichen, litauischen Teil nehmen die Besucherzahlen stetig zu. Doch auch Russlands Touristen haben die Nehrung als Attraktion entdeckt. Vor allem aus Moskau und St. Petersburg reisen im Sommer viele Gäste an.

Und die Deutschen? Kamen anfangs vor allem Heimwehtouristen, lockt es heute immer mehr auch junge Leute in die Ostseeregion. Sie sind willkommen. Längst verstehen auch die Kaliningrader den Fremdenverkehr als Wirtschaftszweig. Die Angebote werden von Jahr zu Jahr besser. Vieles mag improvisiert wirken. Doch darin sind die Menschen hier Meister. Ihre Gastfreundschaft ist Legende, ihre Hilfsbereitschaft nicht minder.

»Ein Zauber liegt über diesem Land«

Russen lieben Symbole, und Kaliningrad ist voll davon. Man kann schlimme finden, doch auch solche der Hoffnung. Der altehrwürdige Dom wird wieder aufgebaut, zur Einweihung des neuen Dachs führten russische und deutsche Musiker gemeinsam Mozarts Requiem auf. Und am Grab des Philosophen Immanuel Kant, der Ostpreußen nie verließ und doch von hier aus eine Weltlehre entwickelte, liegen immer frische Blumen. Heute gilt Kant vielen Menschen der westlichsten russischen Stadt als Symbol für die Rückkehr Kaliningrads nach Europa. Und die Europäer kehren nach Kaliningrad zurück, entdecken eine spannende Region wieder. Die einen lockt die grandiose Natur, andere suchen die Spuren der Geschichte. Jeder, der hierher reist, wird es bald spüren: Ein Zauber liegt über diesem Land, dem mit Worten kaum beizukommen ist. Und schon viele, die sich einmal auf »Kenig« einließen, hat dieser Zauber nicht mehr losgelassen.

Russlands Insel im europäischen Meer

Im verhinderten »Hongkong an der Ostsee« verehren die Menschen einen deutschen Philosophen und suchen unbeirrt ihr Bernsteinzimmer

Abrüstung aus Not
Glücklicherweise sind die Zeiten vorbei, in denen Kaliningrad als »größter Flugzeugträger der Sowjetunion« an der Ostsee Angst und Schrecken verbreitete. Zeitweise mehr als 220 000 Mann standen hier im Kalten Krieg unter Waffen. Ein Zehntel davon ist geblieben, bald soll die Truppenstärke auf unter 10 000 sinken. Zwar trifft man immer noch überall im Gebiet auf Militärobjekte. Doch die meisten stehen leer oder sind an Firmen vermietet. Seit der großen Strukturreform 1998 unterstehen alle Einheiten der Baltischen Flotte. Deren Sitz ist Baltijsk (Pillau), Russlands drittgrößter Marinehafen, in dem noch etwa 90 (von einst 280) Kampfschiffe am Pier liegen.

Bernsteinzimmer
Als Königsberg Anfang April 1945 in Feuersturm, Schutt und Asche unterging, verlor sich darin auch die Spur des Bernsteinzimmers. Es war im Schloss gelagert und dort sogar zeitweise ausgestellt worden, nachdem die Wehrmacht den legendären russischen Kunstschatz 1942 aus dem Katharinenpalast bei St. Petersburg geraubt hatte. Doch mit Kriegsende verschwindet alles Wissen in einem Nebel aus Spekulation und Phantasie, und Heerscharen von Schatzsuchern fahnden seither nach den berühmtesten Wandpaneelen der Welt. Auch im sowjetischen Kaliningrad ließ der KGB an 400 Stellen graben. Eine Schlüsselfigur derer, die bis heute fest daran glauben, das *jantarnaja komnata* habe Königsberg nie verlassen, ist Awenir Owsjanow. Der pensionierte Oberstleutnant der Sowjetarmee leitet den *Kulturfonds zur Sicherung historischer Kulturgüter* – eine Art staatliche Ich-AG, deren Zweck vor allem darin besteht, Schätze wie das verschollene Bernsteinzimmer aufzuspüren. Die Suche konzentriert sich inzwischen auf das Areal des 1968 gesprengten Königsberger Schlosses. Dort haben Zeugen das in Kisten verpackte »achte Weltwunder« zum letzten Mal mit Sicherheit gesehen. Niemand weiß so recht, was sich in den zugeschütteten Gewölben eigentlich verbirgt, darum legen Kaliningrader Archäologen die Keller des alten Schlosses frei, finanziert

Die neue russisch-orthodoxe Kirche in Bagrationowsk (Preußisch Eylau)

vom Hamburger Nachrichtenmagazin »Der Spiegel«. Dass die Kopie des Bernsteinzimmers nun wieder in St. Petersburg zu besichtigen ist, hat das Fahnden nach dem Original eher noch beflügelt.

Lovis Corinth

»Die wahre Kunst ist Unwirklichkeit üben«, schrieb Lovis Corinth (1858–1925) im hohen Alter. Da hatte Ostpreußens berühmtester Maler das Objektive, vermeintlich Wirkliche längst hinter sich gelassen und strebte, abgekehrt von der konventionellen akademischen Malweise, in leidenschaftlicher Farbwucht höheren Wahrheiten zu. Impressionisten nannten sie sich, und Lovis Corinth gilt als ein wichtiger deutschen Vertreter dieser frühmodernen Kunstrichtung.

Lovis, eigentlich Franz Heinrich Louis, Corinth wurde am 21. Juli 1858 in Tapiau als Sohn eines Gerbers geboren. Nach dem Akademiestudium in Königsberg zog es ihn nach Antwerpen und München, ehe er 1887 nach Ostpreußen zurückkehrte und einige Jahre an der Albertina lehrte. Später gründete er in Berlin eine Malschule.

Deutsche in Kaliningrad

Die meisten Deutschen, die Kaliningrad bereisen, waren bislang die Heimwehtouristen. Es werden weniger – kein Vergleich mehr mit den Anfangsjahren, als Sommer für Sommer über 50 000 alte Ostpreußen beherzt ihre Heimat besuchten. Ständig in der Exklave leben weniger als 100 Deutsche. Es gibt ein paar Unternehmer und einige Pastoren (auf Zeit), das war es schon. Tatsächliche Regermanisierungsversuche, wie die Projekte deutscher Neonazis Anfang der 1990er-Jahre in Trakehnen, haben sich totgelaufen. Schleswig-Holstein und Brandenburg pflegen Partnerschaften mit Kaliningrad, die bundesdeutsche Außenpolitik fährt hier nach wie vor eine sehr zurückhaltende Linie. Immerhin wird es künftig ein deutsches Generalkonsulat geben. Damit will die Bundesrepublik den russischen Bewohnern vor allem die Beschaffung von Visa erleichtern.

Marion Gräfin Dönhoff

Marion Dönhoff (1909–2002) entstammt einer großen liberal-konservativen ostpreußischen Adelsfamilie. Sie wuchs auf Schloss Friedrichstein bei Königsberg auf. Während der Nazizeit schloss sie sich dem Widerstand gegen Hitler an und entging nach dem missglückten Attentat in der Wolfsschanze am 20. Juli 1944 nur durch einen Zufall der Verhaftung. Nach dem Krieg unterstützte Marion Dönhoff als Redakteurin der Hamburger Wochenzeitung »Die Zeit« Willy Brandts Ostpolitik, was ihr viele Heimatvertriebene übelnahmen und was ihr den Namen »Rote Gräfin« einbrachte. Doch Marion Dönhoff blieb dabei, unbeirrt und unbeugsam: Nur ein offener Dialog ohne Anspruchsdenken würde die Verständigung über den Eisernen Vorhang hinweg ermöglichen. Die Zeit gab ihr Recht. Als die »Gräfin Courage« im August 1989 zum ersten Mal mit Sondergenehmigung in das noch abgeriegelte Kaliningrad reisen durfte, nahm sie als Gastgeschenk einen großen Königsberger mit: Immanuel Kant. Der kleinen Skulptur folgte drei Jahre später das große Denkmal auf dem Platz vor

Die Kant-Skulptur schuf Harald Haacke 1992 nach der im Zweiten Weltkrieg verloren gegangenen Originalstatue von Christian Daniel Rauch

der Universität. Um die Kopie des verschollenen Originals herstellen zu lassen, hatte Marion Dönhoff die Leser ihrer Zeitung um Spenden gebeten. Ebenfalls auf Initiative der Publizistin legte die Zeit-Stiftung 1998 das Kant-Stipendienprogramm auf, um begabte Kaliningrader Doktoranden der Philosophie zu fördern.

EU-Exklave

Seit dem Zerfall der Sowjetunion hat Kaliningrad keine direkte Verbindung mit dem russischen Mutterland mehr. Umschlossen von Polen und dem wieder souveränen Litauen, blieb es als Exklave an der Ostsee zurück und wurde zur russischen Insel im europäischen Meer, als die Nachbarländer der EU beitraten. Droht Kaliningrad also erneut die Isolation? Brüssel ist nicht daran interessiert, dass mitten in der Wachstumsregion Baltikum ein Krisenherd zurückbleibt, und bietet Handels- und Assoziierungsabkommen, Förderprogramme für Investitionen und den Anschluss der Exklave an das europäische Transitstraßennetz *Via Baltica*. Darin könnte die Zukunftschance liegen, denn Moskau lenkt zögernd ein und will Kaliningrad nun zur »Modellregion der Beziehungen zwischen der EU und Russland« entwickeln.

Immanuel Kant

Kaum ein frisch vermähltes Kaliningrader Paar versäumt es, Blumen zum Grabmal von Immanuel Kant am Königsberger Dom zu bringen. Wahrscheinlich werden die meisten dieser jungen Leute seine »Kritik der reinen Vernunft« nie lesen. Doch sie verehren den Philosophen wie ihren Landsmann.

Immanuel Kant (1724–1804), bekennender Königsberger, ist heute eine Identifikationsfigur Kali-

Die Marco Polo Bitte

Marco Polo war der erste Weltreisende. Er reiste in friedlicher Absicht, verband Ost und West. Er wollte die Welt entdecken, fremde Kulturen kennen lernen, nicht zerstören. Könnte er heute für uns Reisende nicht Vorbild sein? Aufgeschlossen und friedlich sollte unsere Haltung auf Reisen sein. Dazu gehören auch Respekt vor Mensch und Tier und die Bewahrung der Umwelt.

ningrads. An der philosophischen Fakultät sind seine Werke Prüfungsstoff, die Universität beherbergt ein einzigartiges Kant-Museum und ist außerdem Sitz der russischen Kant-Gesellschaft. Zu sowjetischen Zeiten als Wegbereiter des Marxismus geltend, öffnete seine aufklärerische Lehre ein legales Fenster in die offiziell tabuisierte Geschichte der Stadt. Nur Kants Grab rettete die Domruine vor dem Abriss. Der damalige Parteichef Leonid Breschnjew hatte den Befehl zur Sprengung schon gegeben.

Historische Stätten aus Kants Leben finden sich kaum noch. Das Wohnhaus in der Prinzessinnenstraße wurde schon zu deutscher Zeit abgerissen. Auch das Häuschen im Stadtteil Moditten, wo der Philosoph gern den Sommer verbrachte, existiert entgegen manchen Darstellungen nicht mehr. Lediglich das Pfarrhaus Judschen zwischen Tschernjachowsk (Insterburg) und Gusew (Gumbinnen), in dem Kant als Hauslehrer arbeitete, steht. Wie lange noch, ist fraglich – die Dorfbewohner haben schon begonnen, die Ruine abzureißen.

Kirchen im Konkurrenzkampf

Good bye, Lenin: In Kaliningrad hat, seit Russland zur Religiosität zurückgekehrt ist, nun die Orthodoxie das letzte Wort. Demonstrativ lässt sie am Platz des Sieges die riesige Christi-Erlöser-Kathedrale errichten. Das fünfkuppelige Gotteshaus im traditionellen Zwiebelturmstil soll die zweitgrößte Kirche Russlands werden. Nach einer eigenwilligen Lesart ist jeder Russe von Geburt her orthodox, und eifersüchtig wacht die Staatskirche darüber, dass fremde christliche Gemeinschaften im Kaliningrader Gebiet nicht missionierend Fuß fassen. Vergeblich: Ob Katholiken, Lutheraner, Baptisten, Neuapostolische oder Pfingstler, alle gründeten längst ihre Gemeinden.

Naturparadies mit Schattenseiten

Schreiadler gelten als die seltensten und geheimnisvollsten Greifvögel Europas. In den unzugänglichen Laubwäldern der Elchniederung und der Flusstäler können die hochsensiblen Amphibienjäger ungestört ihre Jungen aufziehen, es gibt fast 50 Horstreviere: Die Natur bietet hier ideale Bedingungen. Mehr als 200 Brutvogelarten sind bekannt, darunter Seltenheiten wie Schwarzstörche, Raufußkäuze oder Goldregenpfeifer, und vor allem die artenreichen Feuchtwiesensysteme am

Kurischen Haff sind Perlen in Europas Biotopverbund.

Doch Kaliningrads Umweltsituation hat auch eine Kehrseite. Drei Papierfabriken pumpen ihre giftigen Abwässer hemmungslos in Memel und Pregel. Die Großstadt Kaliningrad missbraucht das Frische Haff als Kloake; endlich wird jetzt eine Kläranlage gebaut – bezahlt von der EU. Auf das Umweltbewusstsein der Bevölkerung konnten sich Staat und Wirtschaft jahrzehntelang verlassen: Es gab schlichtweg keines. Doch das beginnt sich zu ändern. Als der russische Ölgigant Lukoil eine Bohrinsel in die Ostsee bauen wollte, erhob sich heftiger Protest. Lukoil wurde zur Installation teurer Sicherheitstechnik gezwungen.

Sonderwirtschaftszone

Seit 1996 nennt sich das Kaliningrader Gebiet per Gesetz Sonderwirtschaftszone. Klingt verlockend: Ein ausländisches Unternehmen, das seine Produkte hier wertsteigernd veredelt, wird mit Zoll- und Steuergeschenken belohnt. BMW lässt seither seine für Russland bestimmten Fahrzeuge der Fünferreihe am Pregel zusammenschrauben. Doch der erhoffte Ansturm weiterer Investoren blieb bislang aus, die Rechtslage erscheint vielen Mittelständlern zu unsicher.

So rangiert Kaliningrad, gemessen an der Wirtschaftskraft, nach wie vor im unteren Drittel aller russischen Provinzen. Dabei hätte die Region eigentlich optimale Voraussetzungen, um wirtschaftlich aufzublühen. Sie hat einen eisfreien Ostseehafen und Bodenschätze: Steinsalz, Erdöl, Bernstein, Torf. Die etwa 50 deutschen Unternehmen in Kaliningrad hoffen auf einen Schub durch die EU-Osterweiterung. Standhaft unterhält die Deutsche Außenhandelskammer in Kaliningrad eine Filiale *(www.hkhamb-ahk-kaliningrad.com)*.

Nordwestlich von Gwardejsk (Tapiau) wird Erdöl gefördert

Borschtsch und Bernsteinwodka

Im sowjetischen Schmelztiegel Kaliningrad wird deftig russisch aufgetischt, doch die Küche der Ostseeregion prägen viele Nationen

Kaliningrad ist Russland, und russisch ist die Küche. Sie gilt als ziemlich deftig, sahnig und nicht eben kalorienarm. Ein Menü macht satt für Stunden. Es beginnt mit den *sakuskij,* einer kalten und/oder warmen Vorspeise, gefolgt von einer Suppe, dem Hauptgericht und einem Dessert. Brot gehört immer dazu.

Eigentlich möchte man bei den *sakuskij* bleiben. Denn Salatkreationen schier grenzenloser Phantasie aus Tomaten, Gurken, Mais, mild gesalzenem Räucherlachs oder Kaviar, und dann die Suppen, sind wirklich das schmackhafteste der russischen Kochkunst. Bei den Suppen führt der Borschtsch die Liste der dampfend servierten Köstlichkeiten an. Diese Rote-Bete-Suppe steht im Rang eines Nationalgerichts und ist für Russen erst komplett, wenn sie ihren Löffel *smetana,* fette saure Sahne, untergerührt haben. Nicht minder beliebt ist die *soljanka.* Im Sommer kennt die Speisekarte auch erfrischende kalte Suppen. Probieren Sie einmal *okroschka!* Einst ein Arme-Leute-Gericht, wird die süßsaure Suppe aus Kwass und viel Gemüse heute sogar in manchen Spezialitätenrestaurants angeboten.

Herbstliche Ernte: An einem Verkaufsstand werden Pfifferlinge und Beeren angeboten

Nach den Vorspeisen sieht der eigentliche Hauptgang fast blass aus. In der Ostseestadt Kaliningrad werden Sie in jedem guten Restaurant eine große Auswahl an Fischgerichten finden. Natürlich dürfen die Klassiker russischer Küche nicht fehlen: *pelmeni,* mit Hackfleisch gefüllte Maultaschen, und *piroschkij,* die berühmten Pasteten des Ostens.

Zum Dessert lieben die Kaliningrader Süßes. Hoch im Kurs stehen *maroshennoje,* Speiseeis, sowie backwarme *syrniki* (Quarkpfannkuchen) – und selbstverständlich *bliny,* die hauchdünnen Pfannkuchen aus Buchweizenteig, gern mit zerlassener Butter oder Sahne übergossen. *Bliny* mit rotem oder schwarzem Kaviar – eine Delikatesse.

Nicht nur zum Dessert, sondern zu allen Tageszeiten und Anlässen trinken Russen ihren *tschai,* schwarzen oder grünen Tee, der mit etwas grobem Zucker, noch lieber und traditioneller mit Sauerkirschmarmelade, die richtige Süße bekommt.

Kaliningrader Spezialitäten

Lassen Sie sich diese Köstlichkeiten gut schmecken!

bitotschkij – gebratene runde Hackfleischfladen, klassisch mit Buchweizengrütze als Beilage

bliny – hauchdünne Pfannkuchen aus Hefe- oder Buchweizenteig mit verschiedenen süßen Beilagen oder Kaviar, gern mit zerlassener Butter oder *smetana* (saure Sahne) übergossen

borschtsch – Nationalgericht. Die berühmteste aller russischen Suppen kennt ähnlich vielfältige Varianten wie die *soljanka*, wird aber immer mit Roter Bete zubereitet

ikra – Kaviar, gibt es als roten Keta *(ikra kjetowaja)* und schwarzen Beluga *(ikra sjernistaja)*

kotlet po-kiewskij – Relikt aus Sowjetzeiten, das noch immer in vielen russischen Restaurants auf der Speisekarte steht. Das Kiewer Kotelett ist ein mit Butter und Gemüse gefüllter Hähnchenschenkel

okroschka – erfrischende süßsaure Sommersuppe aus Kwass, Wurst, frischem Gemüse und viel Schnittlauch. Wird kalt gegessen

pelmeni – der Star der russischen Küche – und wie der Borschtsch ein Nationalgericht. Maultaschen, gefüllt meist mit Hackfleisch oder Pilzen

plow – aus Usbekistan stammender Reistopf, klassisch mit Hammelfleisch, Karotten, Zwiebeln und viel Knoblauch

rassolnik – Suppe mit sauren Gurken und Innereien

sapjekanka – Quarkspeise aus Eiern, Teig und Zucker

schtschi – Kohlsuppe mit Zwiebeln

soljanka – die ursprünglich ukrainische Suppe schmeckt überall anders, das uralte Rezept gibt es in unzähligen Variationen. Klassisch mit sauren Gurken, Zwiebeln, Gemüse. Gibt es als Fisch- *(rybnaja soljanka)* und Fleischgericht *(mjasnaja soljanka)*

syrniki – Dessert, kleine süße Quarkpfannkuchen, die man am liebsten backofenwarm zum schwarzen oder grünen *tschai* (Tee) serviert

tjurja – Suppe aus Kwass, gewürfeltem Schwarzbrot, gehackten Zwiebeln und Meerrettich

wareniki – gekochte Teigtaschen, ganz ähnlich wie *pelmeni*, aber süß gefüllt (*warenije* = Marmelade)

Auf der Getränkekarte haben sich die gängigen Cola- und Softdrinks an die Spitze gesetzt. Russische Limonade ist oft unerträglich süß, aber mixen Sie sie bloß nicht mit Kaliningrader Mineralwasser: Viele Sorten des hiesigen *mineralnaja woda* sind sehr salzhaltig.

Wenn Sie an heißen Tagen einen wirklichen Durstlöscher suchen, geht nichts über Kwass. Dieses uralte Nationalgetränk aus vergorenem Schwarzbrot wird auch in Kaliningrad immer noch wie früher aus den legendären gelben Tankwagen ausgeschenkt. Doch Kwass ist ein Getränk der Straße. Fragen Sie danach nie im Restaurant, das gilt als Beleidigung des Hauses.

Dort ordern Sie besser ein gepflegtes Bier. Kaliningrader sind Biertrinker, der Konsum liegt weit über dem Landesdurchschnitt. Überall in der City finden Sie Biergärten mit den Reklamesonnenschirmen der örtlichen Brauerei. Die zählt mit zehn Marken, darunter dem in Lizenz gebrauten österreichischen *Gösser,* dem polnischen *EB,* dem amerikanischen *Doctor Diesel* und einer eigenen 12-Prozent-Starkbierkreation, zu den Großen auf dem russischen Markt.

Auch das Weinangebot holt auf. Zeiten, in denen nur zwischen rot und weiß zu wählen war, sind glücklicherweise vorbei, auch wenn aus Kaliningrad nie eine Weinmetropole werden wird. Wer es sich leisten kann, bestellt Krimsekt *(krimskoje),* der freilich als ausgesprochen edles Getränk gilt und nur zu hohen Anlässen eingeschenkt wird – ebenso wie *konjak,* der Weinbrand aus feinen Schwarzmeerweinen. Das traditionelle alkoholische Getränk russischer Festivitäten aller Art ist und bleibt Wodka. Den gibt es in endloser Sortenvielfalt und allerhand wundersam geformten Flaschen bis hin zu Dreiliterbuddeln mit eingegossenem Henkel. Kaum eine der immer neuen Schöpfungen freilich reicht an den alltäglichen *Stolitschnaja* heran, der mit der blauen Möwe als Kaliningrader Herkunftszeichen als besonders mild und rein und als eine der besten Wodkasorten in ganz Russland gilt.

Eine örtliche Spezialität ist der Bernsteinwodka. Die beigemischte Bernsteinsäure soll angeblich dem Organismus des Genießenden gut tun. Vielleicht ist es aber auch einfach nur eine gute Geschichte. Wie Sie mit Russlands Nationalschnaps umgehen, entscheiden Sie natürlich selbst, aber vor einem sei gewarnt: Vorsicht mit *Samogon,* dem berühmt-berüchtigten Selbstgebrannten! Es sollten schon sehr gute Freunde sein, von denen Sie ein Gläschen annehmen. Nicht wegen der bis zu 70 Prozent Alkohol, sondern weil das Zeug gefährlich für die Gesundheit werden kann.

Kaliningrad entstand als sowjetischer Schmelztiegel, und Völker vieler Regionen prägen seither auch die Küche des russischen Bernsteinlandes an der Ostsee. Nicht zuletzt diese einzigartige Mischung macht eine lukullische Reise durch Kaliningrads Lokale so reizvoll. Probieren Sie usbekischen *plow* oder feurige *schaschlyki* aus dem Kaukasus, und genießen Sie ein Gläschen *Balzam,* Lettlands berühmten schwarzen Kräuterlikör. Selbst ostpreußische Gerichte gibt es noch: Königsberger Klopse auf der Strandterrasse von Swetlogorsk – nicht die schlechteste Idee, oder?

Lenins Prospekt voll auf Westkurs

Während die Supermärkte auf dem Vormarsch sind, bleibt typisch Russisches auf der Strecke

Kaliningrads »Ku'damm« ist leicht zu finden: Auf dem Lenin-Prospekt zwischen Sieges- und Schlossplatz prangt Reklame für Ami-Cola, Markenjeans und japanische Unterhaltungselektronik wie bunte Blüten von den Betonfassaden der Wohnkasernen, in deren umgebauten Erdgeschossen sich eine edle Boutique an die andere reiht. Der Name des größten Kaufhauses der Shoppingmeile steht geradezu als Programm für das Warenangebot in dieser schönen neuen Einkaufswelt: *Wester.*

Längst ist auch die Selbstbedienung dabei, auf ganzer Linie zu siegen. Ein Dutzend turnhallengroßer Supermärkte buhlt mit Rabattwochen und Lotteriespiel um Kaliningrads allmählich wachsende Kaufkraft, immer größer, bunter, lauter: das *Cash & Carry* am Moskauer Prospekt oder erst recht der Shoppingtempel *Viktoria* auf der Oktoberinsel. Gewöhnungsbedürftig für westlichen Geschmack bleibt allenfalls die Armada finster dreinblickender Sicherheitsleute hinter den Kassen. Die Privatmiliz soll die Zahl der Ladendiebstähle in Grenzen halten. Bettelnde Straßenkinder und Obdachlose werden sofort und rücksichtslos aus der Glitzerwelt verbannt.

Beliebte Mitbringsel: Matroschkas und Bernsteinschmuck

Vor lauter Verwestlichung gehen typisch russische Produkte unter. Um einen Samowar, sibirische *schkatulky* (verzierte Schnitzkästchen aus Birkenholz) oder die beliebte Matroschka zu finden, muss man schon ziemlich suchen. Fündig werden Sie an der Dominsel, im Andenkenladen im Hotel Kaliningrad, in der Stadthalle, im *Okean* am Platz des Sieges oder im Kunstgewerbeladen *Keramika* am Schiller-Denkmal. Ein wirklich typisches Mitbringsel indes bekommen Sie sehr günstig: Bernstein. Suchen Sie ein besonders raffiniert geschliffenes Stück, versäumen Sie nicht die Promenade in Swetlogorsk. Dort gibts im Sommer den schönsten Bernstein, angeboten von privaten Künstlern.

Auch in den Provinzstädten im Osten hat sich das Warenangebot deutlich gebessert, wenngleich die Geschäfte mit denen Kaliningrads nicht zu vergleichen sind. Jede Stadt hat ihren Supermarkt – und natürlich auch ihren Markt, auf dem Sie am ehesten landestypische, frische Produkte kaufen können.

Feste, Events und mehr

Dreimal Weihnachten und Tag des Sieges, Butterwoche und Flottenparade

Die Frage nach dem Lieblingsfeiertag wäre in Kaliningrad schnell und eindeutig beantwortet: Wie überall in Russland ist es auch zwischen Tilsit und Kurischer Nehrung *jolka*, das russische Neujahrsfest. Doch es bringt wohl die Lage mit sich, dass von Jahr zu Jahr auch das »europäische« Weihnachtsfest immer beliebter wird, wenngleich der 24. bis 26. Dezember hier ganz normale Arbeitstage sind. So will es in Kaliningrad gar nicht recht aufhören zu weihnachten, denn das eigentliche *roshdestwo* findet nach dem wieder zu Ehren gekommenen orthodoxen Kalender erst am 7. Januar statt.

Tanz mal traditionell …

Offizielle Feiertage

1. Januar *Neujahrstag, nowyj god:* der schönste Feiertag aller russischen Familien, wie Weihnachten und Silvester an einem Tag. Dazu gehört das Festessen unter der *jolka,* dem Tannenbaum – und natürlich *Djed maross* (Väterchen Frost) und seine *Snegurotschka* (Schneeflöckchen): Jemand muss den Kindern schließlich die Geschenke bringen.
6./7. Januar *russisch-orthodoxes Weihnachtsfest, roshdestwo:* religiöser gefeiert als das westliche Weihnachten, Höhepunkt ist die festliche Prozession am Heiligen Abend.
8. März *Internationaler Frauentag, prasdnik wosmowo marta:* Er ist einer der populärsten Feiertage Russlands geblieben, mit vielen Blumen und vielen Männern, die ihn auch ganz gern zum Anlass für Feierstunden nehmen.
März/April *Russische Ostern, Paßcha:* nach dem zaristischen Kalender festgelegt und darum zwei Wochen später als im Westen. *Paßcha* gilt in der Orthodoxie als höchster Feiertag.

1. Mai *Tag der Arbeit, perwoje maja:* Die sowjetischen Aufmärsche sind Geschichte. Heute feiern die Russen den Arbeitstag als *prasdnik wesnyj,* zu deutsch Frühlingsfest.
9. Mai *Tag des Sieges im Großen Vaterländischen Krieg, djen pobedy:* In einer »Beuteregion« wie Kaliningrad spielt der Tag des Sieges eine gewichtige Rolle, allerorten finden an den Gefallenendenkmälern Gedenkfeiern statt, die größte immer am Memorial der 1200 Gardisten in Kaliningrad. Außer Kriegsveteranen und offiziellen Gästen kommen auch viele Zuschauer zu den für westlichen Geschmack befremdlich wirkenden Zeremonien.
12. Juni *Nationalfeiertag, djen nesawissimostij:* Russlands jüngster offizieller Feiertag, es gibt ihn erst seit der Unabhängigkeitserklärung 1991.
7./8. November Gedenktage für die Opfer des Stalinismus. Der einstige Jahrestag der Oktoberrevolution wandelt sich in seiner Bedeutung immer mehr. Nur noch ein Häufchen Unentwegter demonstriert zu Füßen Lenins für die guten alten Zeiten.

Feste und Veranstaltungen

Februar/März

In der *masleniza,* der Butterwoche, darf in Russland ähnlich wie bei uns im Karneval noch einmal ausgiebig gefeiert und getafelt werden. Danach beginnt die Fastenzeit, und mit der nimmt es die russische Orthodoxie viel genauer als die westlichen Kirchen.

Mai

Der erste Sonntag im Mai markiert an der Bernsteinküste offiziell den Beginn der Badesaison. Die Kurorte Selenogradsk und Swetlogorsk feiern dies mit Volksfesten.

Juli

Der 4. Juli ist seit der Umbenennung Königsbergs in Kaliningrad offizieller Tag der Stadt und wird auch groß gefeiert: mit einem riesigen Volksfest, Umzügen und Höhenfeuerwerk.
Am letzten Sonntag im Juli, dem *Tag der Russischen Flotte,* ist die gesperrte Stadt Baltijsk für alle geöffnet. Dort findet dann meist eine große Flottenparade statt, die Leistungsschau der Fregatten und Marinejets ist in den letzten Jahren freilich aus Geldnot mächtig zusammengestrichen worden.

... und mal eher modern

Stadt mit doppeltem Boden

Die bizarre Mischung aus russischen und deutschen Elementen macht aus dem alten Königsberg eine einzigartige Stadt

Karte in der hinteren Umschlagklappe

Kaliningrad platzt aus allen Nähten. Fast die Hälfte der Gebietsbevölkerung wohnt mittlerweile in der Hauptstadt, 425 000 Menschen, und es werden immer mehr. Vor allem die junge Generation zieht es in das Zentrum, das ihnen mit fünf Hochschulen, Theater, Kinos und einem Dutzend Museen, Fitnesscentern, Supermärkten und ungezählten Restaurants Lebensqualität und nicht zuletzt die größte Chance auf einen Job verspricht.

Westlichen Besuchern indes bereitet die Stadt ein Wechselbad der Gefühle. Königsbergs historische, mosaikhafte Topografie ist großflächig unter Beton und autobahnbreiten Straßen verschwunden. Die Hauptachse bildet heute der 3 km lange Lenin-Prospekt, der zwischen Hansaplatz und Südbahnhof verläuft. Eine zweite Schneise schlägt der Moskauer Prospekt. Er führt in Ost-West-Richtung durch ein Betongebirge aus achtstöckigen Wohnblocks. Vorkriegsarchitektur überlebte besonders in den Vorstädten. Ansonsten ließ die Sowjetunion vor allem den Festungsring stehen. Dessen wuchtige Zeugen finden sich an bald jeder Ecke: sechs Stadttore, Bastionen, die Kronprinzkaserne am Litauer Wall und 13 Außenforts.

Prächtige Villa im Viertel Amalienau

Getränk der Jugend: Coca-Cola

Das alte Königsberg gibt es nicht mehr, und doch ist es in Kaliningrad allgegenwärtig, als eine Art guter Geist der Stadt. Lediglich die Mitte ist ausgelöscht. Doch da sind Immanuel Kant und der Dom, wieder aufgebaut als ein Symbol neuer Weltoffenheit. Sich dieser Doppelbödigkeit zu öffnen wird am besten gelingen, wenn man die bizarre, mitunter schockierende, aber auch amüsante, lebendige und in allem höchst geschichtsträchtige preußisch-sowjetisch-russische Mischung als Teil der Seele dieser einzigartigen Stadt begreift.

Zwei Steinlöwen bewachen das Portal der Alten Börse

SEHENSWERTES

Alte Börse (Dworez Kultury Morjakow) [U F4]

2200 Eichenpfähle waren nötig, um das Fundament auf dem Moorboden am Pregel zu gründen. Die Sowjets strichen die Fassade des 1870 im Stil der Florentiner Renaissance entworfenen Prachtbaus nach dem Krieg blau-weiß an und machten aus der Börse einen Kulturpalast der Seeleute. Börse ist die Börse nur noch im übertragenen Sinn: Im Souterrain lässt Kaliningrads Geldadel Nacht für Nacht den Rubel rollen – im Kasinorestaurant Münzhof, einem der teuersten Lokale der Stadt. *Leninskij prospekt 83*

Insider Tipp **Alter Botanischer Garten (Djetskij Eko-Zentr)** [U B3]

Selbst viele Kaliningrader kennen ihn nicht. Touristen kommen eher zufällig in den Winkel unweit der Sternwartenbastei und wundern sich, dass es den alten botanischen Garten noch gibt. In der 40 000 m^2 großen Anlage gedeihen fast 900 Pflanzenarten, darunter Ginkobäume und irischer Wacholder. Irgendwo blüht es zu fast jeder Jahreszeit. Es gibt Heilpflanzenbeete und einen Seerosenteich, in dessen Nähe auch der restaurierte Gedenkstein für den ersten Direktor des Gartens, Friedrich August Schweigger, aufgestellt wurde. Der alte botanische Garten, 1809 gegründet und im Krieg stark zerstört, ist heute Sitz eines russisch-dänischen Kinderzentrums für Ökologie und Tourismus. Die jungen Umweltschützer pflegen das Areal liebevoll, wenngleich Geldmangel überall sichtbar ist. *Uliza Botanitscheskaja 2, Mo–Fr 10–17 Uhr*

Amalienau [O]

★ Schönstes aller Königsberger Villenviertel. Nach dem Krieg Wohngegend der Oberen aus Partei und

Armee; jetzt kaufen Unternehmen und Neureiche viele der prächtigen Anwesen auf. So lohnen die Straßen rechts und links der alten Körteallee ausgedehnte Spaziergänge. *Uliza Kutusowa*

Amtsgericht (Kaliningradskij Technitscheskij Institut [U B1]
Das Ensemble preußischer Repräsentationsarchitektur mit dem imposanten neobarocken Portal umschließt ein riesiges Viertel zwischen Hansaplatz und Hansaring. Zwei kämpfende Wisente, in der Grünanlage vor dem Gericht zum ewigen Streit verdammt, kamen 1912 als Geschenk des preußischen Kultusministers nach Königsberg. Das Gericht einschließlich des Erweiterungsbaus von 1933 am ehemaligen Hansaplatz ist heute Sitz der Hochschule für Fischindustrie und der European Business School. *Ploschtschad Pobedy/prospekt Mira*

Botanischer Garten (Botanitscheskij Sad) [0]
Nehmen Sie sich zwei Stunden Zeit für dieses Kleinod. Der heutige botanische Garten, 1958 auf dem 160 000 m^2 großen Terrain der alten Stadtgärtnerei nördlich des Oberteichs eröffnet, gehört seit 1968 zur Universität. Dort gedeihen Tausende wundervoller Pflanzen, darunter Raritäten wie die japanische Sternmagnolie. *Uliza Lesnaja 1, Mai–Okt. Mo–Fr 9–18, Sa/So 11–19 Uhr*

Dom (Kafedralnyj Sobor) [U C4]
★ Der Dom, Wahrzeichen der Stadt, symbolisiert Untergang und Neuanfang, in seinen Mauern bekennt sich Kaliningrad zur Geschichte Königsbergs. Als der Wiederaufbau 1992 begann, musste sich Dombaumeister Igor Odinzow gegen Widerstände von allen Seiten durchsetzen. Heute kommen jährlich über 50 000 Besucher, um die 101 m lange, dreischiffige Hallenkirche im Baustil der norddeutschen Backsteingotik zu bewundern. Als eine Art kulturellgeschichtliches Zentrum beherbergt der Dom nun verschiedene Ausstellungen und einen Orgelsaal, in dem oft wunderbare Chorkonzerte stattfinden. Insider Tipp

MARCO POLO Highlights »Kaliningrad«

★ **Amalienau**
Im schönsten Villenviertel der Stadt lebt noch der Geist Königsbergs (Seite 28)

★ **Dom (Kafedralnyj Sobor)**
Die mächtige Kirche steht für Untergang und Neuanfang (Seite 29)

★ **Zentralnyj Rynok**
Kaliningrader Marktwirtschaft in ihrer ursprünglichen Form (Seite 38)

★ **Gwardejsk (Tapiau)**
Eine besser erhaltene Innenstadt gibt es in ganz Nordostpreußen nicht (Seite 40)

Bis zum großen Stadtjubiläum 2005 soll die zweite Geburt des 1333–80 erbauten, 1944 zerstörten Doms vollendet sein. Es ist ein großes Gemeinschaftswerk – mit deutscher Beteiligung: Das neue Dach aus (leichtem) Kupferblech wurde maßgeblich von der renommierten Hamburger Zeit-Stiftung finanziert. Der 58 m hohe Südturm erhielt seine markante Uhr zurück, eine in Fulda angefertigte Nachbildung der originalen Siemensuhr von 1922. Zu jeder vollen Stunde erklingt ihr Glockenspiel.

Haus des Künstlers (Dom Chudoschnika) **[O]**

In einer alten Villa neben der Luisenkirche haben die Kaliningrader Künstler ihr Domizil. Es gibt Ausstellungen von Avantgarde bis Kitsch und Theateraufführungen, Kunst ist hier auch käuflich. Die Marmorskulptur »Nach dem Bade« neben dem Eingang stammt von Stanislaus Cauer, der auch das Schiller-Denkmal schuf. *Sowjetskij prospekt 3, Di–So 10–18 Uhr*

Haus der Räte (Dom Sowjetow) **[U D3]**

An Stelle des 1969 auf Moskauer Befehl gesprengten Königsberger Schlosses ragt heute die berühmteste Bauruine Kaliningrads aus der einplanierten Fläche: das *Dom sowjetow*, als Konglomerat aus Parteizentrale und Rathaus geplant, doch nie bezogen. Angeblich sackte der 16-stöckige Koloss wegen statischer Mängel ab. Beteiligte Ingenieure bestreiten das heftig und machen die Krisen der Gorbatschow-Ära für den Abbruch der Bauarbeiten verantwortlich. Egal, ob nun Rache der Preußen oder Opfer der Perestrojka: Was aus dem »hässlichsten Haus Europas« (Marion Dönhoff) werden soll, weiß so recht niemand. Ein örtlicher Architekt hegt die kühne Idee, das Rätehaus zur Hälfte abzureißen, den Rest zu sanieren und in das Schloss zu integrieren, dessen Wiederaufbau man allen Ernstes erwägt. Der Rundumblick vom Schlossplatz offenbart brutal die völlige Auslöschung des historischen Zentrums. Soweit das Auge reicht: Beton. Nehmen Sie sich die Zeit für dieses Panorama. Schlimmer kommt es dann nicht mehr. *Ploschtschad zentralnaja*

Kneiphof (Ostrow Kanta) **[U C4]**

Dass die 1324 erstmals erwähnte Pregelinsel Kneiphof einst der am dichtesten bebaute Stadtteil des historischen Königsberg war, ist heute nicht mehr vorstellbar. Das reiche Kaufmannsviertel versank 1944 im Feuersturm britischer Bomben, die Sowjets planierten die Ruinen ein und legten auf dem nun offiziell-nichtssagend Zentralinsel genannten Kneiphof in den 1970er-Jahren einen Skulpturenpark an. Noch aus der Vorkriegszeit stammt der Gedenkstein an der Südostecke des Doms. Er erinnert an den Theologen Julius Rupp (1809–84), Querdenker, Aufklärer und Begründer der ersten freievangelischen Gemeinde Ostpreußens. Seine Enkelin, die in Königsberg geborene Grafikerin Käthe Kollwitz, schuf das Relief, das heutige ist allerdings eine Kopie. Berühmtestes Denkmal des Kneiphofs ist das Grab von Immanuel Kant. Der schlichte Pfeilerbau an der Nordmauer des Doms wurde 1924 anlässlich des 200. Geburtstags des Philosophen errichtet.

Königstor (Koroljewskije Worota) [U F2]

Das prächtigste der sechs Stadttore, um 1850 erbaut, ist heute Kriegsmahnmal wider Willen: Den drei Skulpturen an der Westfassade – Stadtgründer Ottokar von Böhmen, Herzog Albrecht und Preußenkönig Friedrich I. – fehlen die Köpfe. Sowjetische Soldaten haben sie den »Feinden« 1945 abgeschossen. *Uliza Frunse/Litowskij Wal*

Komsomol-Park (Park Komsomola) [U C6]

Die wasserreichen Anlagen der südlichen Stadtbefestigung haben sich in einen herrlichen Park verwandelt. Angelteiche, Riesenrad, Bootsverleih. *Prospekt Kalinina, Mai–Okt. tgl. 10–19 Uhr*

Nordbahnhof (Serwernyj Woksal) [U B1]

Besucher Kaliningrads halten den Nordbahnhof am Platz des Sieges oft für einen Bau der Stalinzeit, so streng wirkt der neoklassizistische Stil, in dem Architekt Martin Stallmann die kantige Säulenfassade 1930 entwarf. Zur Sowjetzeit Wohnheim für Seeleute, heute nach millionenschwerer Modernisierung internationales Geschäftszentrum, in dem Firmen, die es sich leisten können, edle Filialen unterhalten. Die Züge in die Samlandseebäder fahren hier immer noch ab, der eigentliche Bahnhof liegt im Hof. Fast 3 Mio. Menschen nutzen die *Elektritschka* jährlich. *Ploschtschad Pobedy 4*

Oberpostdirektion (Schtab Baltijskowo Flota) [U B1]

Hinter der schönsten aller Prahlfassaden zwischen Hansaplatz und Theater, der 1918–24 erbauten einstigen Oberpostdirektion, residiert der Admiral der Baltischen Flotte. In den Kellerräumen hatte bis kurz vor Kriegsende General Ot-

Das neogotische Königstor ist das jüngste der sechs Königsberger Stadttore

Deutsch-Russisches Haus

Die Begegnungsstätte ist aus dem kulturellen Leben nicht mehr wegzudenken

Gelebte Toleranz, europäische Offenheit und Völkerverständigung haben in Kaliningrad einen guten Namen: Seit zehn Jahren ist das Deutsch-Russische Haus diesen Prinzipien treu. Anfangs vor allem als Treffpunkt der im Gebiet lebenden Russlanddeutschen gedacht, reicht das Tätigkeitsspektrum längst weit darüber hinaus. Die Kaliningrader haben die Veranstaltungen des Deutsch-Russischen Hauses lieben gelernt: Konzerte, ständig wechselnde Ausstellungen, Lesungen, Vorträge, Theaterabende. Auch Gäste der Stadt seien natürlich stets willkommen, sagt Direktor Peter Wunsch. Eigens für die touristische Spurensuche hat er begonnen, Stadtwanderwege zu entwerfen und auf handliche Faltblätter zu drucken: Sie werden staunen, was es in den Straßen Kaliningrads alles zu entdecken gibt. *Deutsch-Russisches Haus, uliza Jaltinskaja 2 a, Tel. 0112/45 06 31, Fax 53 68 25, www.drh-k.ru*

to Lasch, Kommandant der von Hitler zur Festung erklärten Stadt Königsberg, seinen Befehlsstand. *Prospekt Mira 2*

Oberteich (Werchnij Prud) [U D1]
Besonders schön ist es vormittags an der malerischen Uferpartie entlang der *uliza Telmanna,* wo auch das Villenviertel *Maraunenhof* beginnt. Zwei mächtige Türme des Königsberger Festungsrings flankieren den 400 000 m^2 großen Oberteich: der im Jahr 1853 erbaute (geschlossene) Wrangelturm in der Südwestecke und am Ostrand der Dohnaturm, der heute das Bernsteinmuseum beherbergt.

Insider Tipp

Platz des Sieges (Ploschtschad Pobedy) [U B1]
Das Zentrum Kaliningrads. Hier laufen die großen Straßen der Stadt zusammen: der Leninskij und der Sowjetskij Prospekt. Wladimir Iljitsch Uljanow, genannt Lenin, steht wacker, 8 m ragt er neben dem Nordbahnhof auf. Kommunisten und Veteranen demonstrieren wie eh und je zu seinen Füßen. Die Jugend siehts ironisch: Lenin weise mit dem Arm gen Westen, und der Richtung folge man ...

Hinter dem Rücken des Altrevolutionärs zieht die russisch-orthodoxe Kirche das Symbol ihrer Wiederkehr hoch: ihre riesige Erlöserkathedrale mit Tiefgarage, Platz für 3000 Gläubige und fünf goldenen Kuppeln, die alles in der Stadt überragen. Am Westrand des Platzes steht in einer Grünfläche seit 1974 eine zweite monumentale Skulptur: Mütterchen Russland *(Matuschka Rossija).* Auf ihrem Sockel thronte einst Jossif Wissarionowitsch Stalin. Der Platz eignet sich ideal für den Beginn von Stadtspaziergängen.

Rossgärter Tor (Rossgartenskije Worota) [U F1]

Die Vergangenheit als Stadttor erkennt man kaum noch. Die Cranzer Allee, die einst hindurchging, heißt heute *uliza Alexanda Newskowo* und führt im weiten Bogen herum. In der Fassade, romantisierende Neugotik, prangen die Medaillons der preußischen Generäle Neithardt von Gneisenau und Gerhard von Scharnhorst. *Ploschtschad Wassilijewskowo 3*

Schlossteich (Nischnij Prud) [U D1–3]

Spazieren Sie auf der Uferpromenade einmal um den Teich herum, es lohnt sich. An seinem nördlichen Ende klapperten einst die Mühlen der Ordensritter, die das Gewässer im 13. Jh. anstauten. Südöstlich des Teichs, neben der eigenwilligen Weltzeituhr (1990), erinnert ein Gedenkstein an das Wohnhaus von E. T. A. Hoffmann, dem geheimnisvollen Dichter der deutschen Romantik. Ein paar Meter weiter ragte früher die schöne Königsberger Burgkirche auf – etwa dort, wo heute das im Stil des sowjetischen Konstruktivismus hingeklotzte Funkhaus des Radio- und Fernsehsenders Jantar steht. Am Ostufer geht die 1981 neu errichtete Universitätsbrücke in eine Treppe über. Dort treffen Sie auf ein umstrittenes Denkmal: das Memorial für den U-Boot-Kommandanten Alexander Marinesko. Es wurde 2002 aufgestellt, nachdem Moskau ihn posthum zum Helden ernannt hatte. Zu Marineskos »Heldentaten« zählt die Versenkung des Flüchtlingsschiffs »Wilhelm Gustloff« am 30. Januar 1945, bei der 9000 Menschen ertranken.

Sternwartenbastei (Mogila Besselja) [U A–B3]

Die mächtige Festung aus dem 19. Jh. am Gwardejskij Prospekt

Bootsfahrten auf dem Schlossteich sind eine beliebte Freizeitbeschäftigung

wird noch immer militärisch genutzt. Der Name der Bastei geht auf die nahe einstige Sternwarte des Astronomen Friedrich Wilhelm Bessel (1784–1846) zurück. Der Wissenschaftler kam 1810 auf Bitte Wilhelm von Humboldts nach Königsberg. Zu Bessels Leistungen zählt die Berechnung der Erdoberfläche. Ein schlichter Gedenkstein östlich der Bastei auf einer kleinen Anhöhe erinnert an den Astronomen. Oft liegen dort frische Blumen. *Uliza Generala Galizkowo*

Südbahnhof (Juschnyj Woksal) **[U B6]**

Hier kommen alle Fernzüge an. Mit seinen hohen, von acht Travertinpfeilern gegliederten Spitzbogenfenstern im Giebel der Eingangshalle sieht der Bahnhof immer noch fast so aus wie zu seiner Eröffnung 1929. *Ploschtschad Kalinina 1*

Theater (Dramatitscheskij Teatr) **[U A1]**

Sieht aus wie die kleine Schwester des berühmten Moskauer Bolschoj-Theaters. Was Absicht war: Die Säulen wurden beim Wiederaufbau des kriegszerstörten Hauses 1960 künstlich vorgeblendet. Nicht nur die Fassade, auch seinen Namen hat das Theater wechseln müssen, sogar mehrfach. Gegründet 1912 als Luisentheater, hieß es nach einem kurzen Intermezzo als Komische Oper ab 1927 Neues Schauspielhaus. Die Kaliningrader nennen es Dramentheater.

Zeitlos gültig blieb Schillers Wort über dem Haupteingang: »Ewig jung ist nur die Phantasie«. Das schwarz angestrichene Denkmal des Dichters steht gegenüber dem Theater, zwischen Blumenrabatten und Springbrunnen. Krieg und Erstürmung überlebte die 1910 von Stanislaus Cauer geschaffene filigrane Skulptur angeblich nur, weil jemand in Russisch an den Sockel geschrieben hatte: »Nicht schießen. Das ist ein Dichter.« *Prospekt Mira 4*

Universität (Gossudarstwennyj Universitet) **[U C2]**

Schlichter Nachbau der 1861 im Stil der italienischen Hochrenaissance erbauten, während des Kriegs zerbombten Neuen Albertina. Vor der Uni blickt seit 1992 wieder Immanuel Kant von seinem roten Marmorsockel zu den Studenten herüber. Das zierliche Bronzedenkmal ist eine fast originalgetreue Replik einer Skulptur, die der klassizistische Bildhauer Christian Daniel Rauch 1857 schuf. Gestiftet von Marion Gräfin Dönhoff. *Uliza Universitetskaja 2, www.albertina.ru*

MUSEEN

Musej Atlantitscheskij **[U A2]**

Dieses hochkarätige wissenschaftliche ozeanografische Museum finden Meeresfans am Kalininpark. *Uliza Dimitrija Donskowo 5, Mo–Fr 9–17 Uhr, Eintritt 1 Euro*

Bernsteinmuseum (Musej Jantarja) **[U E1]**

Das Gold der Ostsee im Dohnaturm. Eines der größten Museen seiner Art. Es hat sich seit 30 Jahren kaum verändert, wirkt daher reichlich sowjetisch. Zu bestaunen sind rund 8000 Exponate, viele Inklusen, einer der schwersten je gefundenen Brocken (4 kg) und Kostbarkeiten aus der Schatzkammer des Kreml. Vor dem Portal lauern die

Bernsteinhändler mit überteuerten Touristenangeboten. *Ploschtschad Wassilijewskowo 1, Di–So 10–18 Uhr, Eintritt 0,50 Euro*

Dommuseum (Musej Kafedralnowo Sobora) **[U C4]**
Auf drei Etagen im Doppelturm, wo sich einst die berühmte Wallenrodt-Bibliothek befand, informiert jetzt ein Museum über den Kneiphof, Königsberg und den Wiederaufbau des Doms. Ein Teil der Ausstellung ist Immanuel Kant gewidmet. Versäumen Sie nicht einen Blick in das Langhaus mit dem Hohen Chor. Das Kirchenschiff ist leider noch oft wegen der Restaurierungsarbeiten gesperrt. *Tgl. 9–17 Uhr, Eintritt 1 Euro*

Museum für Geschichte und Alltag (Friedlandskije Worota) **[U E6]**
Ein liebenswertes Sammelsurium Königsberger Fundstücke im Friedländer Tor, hier zusammengetragen von jungen Kaliningradern. *Uliza Dscherschinskowo, keine festen Öffnungszeiten, Tel. 0112/ 44 86 65, Eintritt 1,50 Euro*

Museum für Geschichte und Kunst (Istoriko-Chudo-schestwennyj Musej) **[U D2]**
Heimatkunde in der früheren Stadthalle am Ostufer des Schlossteichs. Zu sehen sind 50 000 Exponate aus Natur, Geschichte, Ethnografie. Ein Muss ist die legendäre Prussia-Sammlung aus dem Königsberger Schloss. Diese berühmte archäologische Sammlung ist größtenteils verschollen; 1999 fanden Archäologen Tausende Exponate in den Kasematten eines Außenforts wieder. Mit ihren 1604 Sitzplätzen galt die 1912 eröffnete Stadthalle einst als größter Konzertsaal Deutschlands. Sie ging 1945 in Flammen auf und diente danach bis in die 1970er-Jahre oft als Kulisse für sowjetische Kriegsfilme, ehe 1981 der Wiederaufbau nach alten Plänen begann. *Uliza Klinitscheskaja 21, Di–So 10–17 Uhr, Eintritt 1,50 Euro*

Das Bernsteinmuseum birgt viele Schätze

Museum der Weltmeere (Musej Mirowo Okeana) **[U C4]**
MS »Witjas« liegt seit 1996 im einstigen Hundegatt am Pier und bringt in die Ausstellung zur maritimen

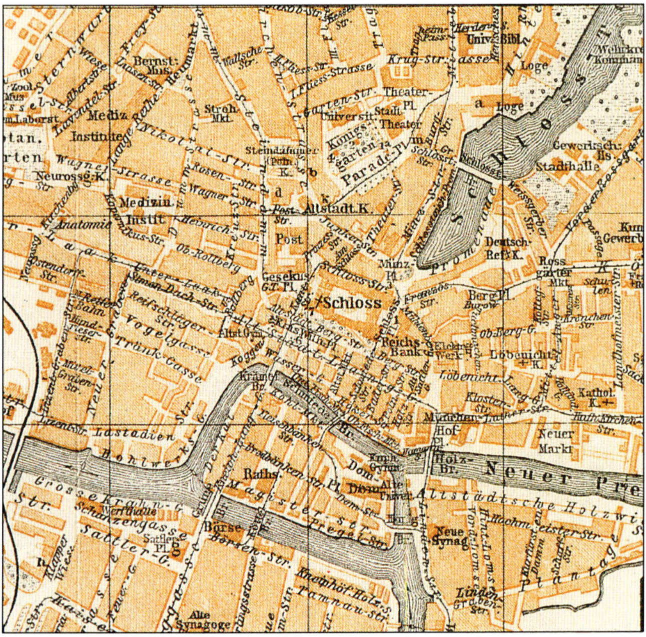

Königsberg im Jahr 1932

Flora und Fauna seine eigene bewegte Geschichte ein: Als deutscher Trockenfrachter »Mars« ermöglichte das Schiff 20 000 Ostpreußen die Flucht über die Ostsee, ehe es an die Sowjetunion fiel und als Fischereiforschungsschiff genutzt wurde. Zum Museum gehört ein ausgemustertes U-Boot der Baltischen Flotte. *Nabereschnaja Petra Pjerwowo 1, Mi–Fr 15–18, Sa/So 11–18 Uhr, Eintritt 0,50 Euro*

Staatliche Kunstgalerie (Chudoschestwennaja Galereja) **[U D3]**
Schwerpunkt russische Gegenwartskunst. Zu empfehlen sind die Sonderausstellungen, außerdem zeigt die Galerie Grafiken von Lovis Corinth. *Moskowskij prospekt 60, Di–So 11–19 Uhr, Eintritt 1 Euro*

ESSEN & TRINKEN

Casino Universal **[0]**
Das Toprestaurant der Stadt gibt sich edel, schick und superteuer, hat eine Nachtbar und eine Disko und wird von Türstehern bewacht wie die Bank von England. Wer hinein will, muss durch einen Metalldetektor. *Prospekt Mira 43, Tel. 0112/21 69 31, kein Ruhetag,* €€€

Havanna **[U A1]**
Szenecafé unweit des Theaters, Lieblingskneipe der Kaliningrader Journalisten und Schauspieler, Prominenz verewigt sich an der Foto-Pinnwand. Kubanische Küche und Musik. *Prospekt Mira 10, Tel. 0112/55 22 22, kein Ruhetag,* €€

Italy Bar [U B2]
Die Pizzabäcker sind bei Kaliningrads Jugend Kult. Große Auswahl an Pizzen und Pasta, Salatbüfett, italienische Weine. *Leninskij prospekt 27, Tel. 0112/43 07 53, kein Ruhetag, €–€€*

Rasgulaj [U B1]
Die ehemalige Verwaltungskantine hat sich zu einer rustikalen Kellerkneipe gemausert. Russische Küche vom Feinsten. *Sowjetskij prospekt 13, Tel. 0112/21 48 97, kein Ruhetag, €–€€*

Wer es schnell und dennoch niveauvoll mag, wird vom neuen Bistro *Rasgulaj* im Erdgeschoss des Rathauses am Siegesplatz begeistert sein. Herzhafte russische Küche, vorzüglich präsentiert in rustikalem Blockhausambiente. Selbstbedienung. *Ploschtschad Pobedy 1, Tel. 0112/43 45 24, kein Ruhetag, €*

Redut [U F3]
Was man aus einem alten Lagerhaus machen kann! Geräumiges, über drei Etagen verteiltes Restaurant im Backsteinambiente am Königstor, Bierbar und Jägersaal (Wildgerichte) unterm Dach. Sehr beliebt. *Litowskij Wal 27, Tel. 0112/46 94 04, kein Ruhetag, €€*

Solnetschnyj Kamen [U E1]
Restaurant Sonnenstein im Rossgärter Tor, stilvolles Ritterambiente, Topküche, mit Straßencafé und Innenhof. *Ploschtschad Wassilijewskowo 3, Tel. 0112/46 96 71, kein Ruhetag, €€*

Solotoj Dragon [U B5]
Der beste Chinese Nordostpreußens. Der Koch des Goldenen Drachen hat aus Peking über 70 Fischrezepte mitgebracht. *Uliza Polotskaja 8, Tel. 0112/44 13 91, kein Ruhetag, €€–€€€*

Staryj Kaunas [O]
Original litauische Gerichte kommen im Alt Kaunas auf den Tisch. Bestellen Sie die *zepelinai* – fleischgefüllte Kartoffelknödel, serviert mit saurer Sahne. Lecker! *Uliza Kiewskaja 4, Tel. 0112/44 35 14, kein Ruhetag, €€€*

Insider Tipp

Valencia [U B1]
Siesta im kühlen Nordosten. Heiße spanische Spezialitäten, gute Weinkarte. Restaurant im Stadthaus. *Ploschtschad Pobedy 1, Tel. 0112/43 38 20, kein Ruhetag, €€€*

EINKAUFEN

Blumenmarkt [O]
Zu Freunden eingeladen? Vergessen Sie die Blumen nicht, das ist Tradition in Russland. Aber bitte keine weißen (Trauer!), und in ungerader Stückzahl. Die schönsten Blumen gibts an der Luisenkirche, *prospekt Mira.*

Kollekzioner [U B6]
Insider Tipp
Das Angebot im Sammlerparadies scheint grenzenlos, von Briefmarken und Abzeichen bis zu Hausgegenständen aus Königsberger Zeit und altrussischen Ikonen. Fließender Übergang zum Schwarz- und Raubgräbermarkt. *Uliza Schelesnodoroschnaja 29*

Morskije Suveniryj [U B1]
Schiffsmodelle, Schiffslaternen, Anker. Alles Hand-, manches Häftlingsarbeit. Der Laden für Fans des Maritimen. *Uliza Tschaikowskowo 4*

Piramida [U B1]
Kaliningrads Nummer eins für CDs hat Rock und Pop aller gängigen russischen Bands im Angebot, dazu Jazz und Klassik günstig. *Uliza Tschernjakowskowo 2*

Rubin [U C5]
Bester und größter Juwelier des Gebiets. Feiner Goldschmuck, auch Bernstein. *Leninskij prospekt 40–42*

Russkaja Wodka [U E1]
Angeblich ist Kaliningrads *Stolitschnaja* der beste in ganz Russland. Es gibt an die 50 Wodkasorten, unter anderem eine namens *Ostpreußen* und den *Kenigsbergskaja.* Die große Wodkafabrik am Wassilijewski-Platz (ein knallblau gestrichenes Haus) verkauft quasi direkt vom Fließband. *Uliza Klinitscheskaja 8*

Russkij Jantar [U B1]
Russischer Bernstein direkt aus der Palmnicker Fabrik. Tierfiguren, Inklusen, schicke Armbänder. *Sowjetskij Prospekt 12*

Viktoria [U D4]
Kaliningrads Discounter packt so langsam der Größenwahn. Das vorläufige Maß aller Dinge markiert der Supermarkt Viktoria, ein glitzernder Einkaufstempel auf zwei Etagen. Riesenangebot. Neben dem Messegelände auf der Lomse, großer Parkplatz. *Ostrow Oktjabrskij*

Zentralnyj Rynok [U C1]
★ Hier schlägt der Puls der Stadt. Größter Markt des Gebiets, basarhaftes Gewimmel (täglich über 20 000 Kunden), an über 3000 Einzelständen gibt es von der Angelausrüstung bis zur Zwiebel alles, dazu Massen von Fisch, eine Halle voller Milchprodukte, sibirischen Honig, Granatäpfel aus dem Kaukasus und Raubkopien sämtlicher denkbarer Markenartikel. Mögen Sie Exotisches? Probieren

Insider Tipp

Gemüsestand in der Markthalle des Zentralnyj Rynok

Sie die koreanischen Salate! Der Markt in den ehemaligen Reitställen des Kürassierregiments ist ein Muss. Nebenan, auf der früheren Ostmesse, gehts an Wochenenden mit einem großen Flohmarkt weiter. *Uliza Tschernjachowskowo 15*

ÜBERNACHTEN

Baltika [O]
Modernisiertes Großmotel an der östlichen Ausfallstraße im Vorort Issakowo (Lauth), mit Campingplatz am idyllischen Mühlenteich, Paddelbootverleih. *130 Zi., Moskowskij prospekt, Tel. 0112/ 35 35 11, Fax 35 35 07, baltica-hotel@gazinter.net,* €€

Comandor [O]
Das beste Hotel der Stadt liegt leider ziemlich abseits. Komfortabel, Sauna, Wellness, Pool, Edelrestaurant, Nachtclub. *24 Zi., uliza Tschastliwaja, Tel. 0112/34 18 15, Fax 34 18 20, www.comandor.gazinter.net,* €€€

Dohna [U E1]
Neues, gediegenes Hotel am Dohnaturm, obere Mittelklasse, eine der besten Herbergen mitten in der Stadt. *14 Zi., ploschtschad Wassilijewskowo 2, Tel./Fax 0112/ 35 16 50, www.dona.kaliningrad.ru,* €€–€€€

Kaliningrad [U C3]
Größtes Stadthotel, zentrale Lage, aber die Zimmer an der Straßenseite sind arg laut. Wechselstube, Servicebüro (Ticketbeschaffung), Läden im Erdgeschoss. *220 Zi., Leninskij prospekt 81, Tel. 0112/ 35 05 00, Fax 53 60 21, www.hotel.kaliningrad.ru,* €€

Oberteich [O]
Wohnen wie die neuen Russen. Nagelneues Gästehaus im feinen Villenviertel Maraunenhof. *9 Zi., uliza Werchneosernaja 11, Tel. 0112/36 50 20, Fax 36 50 23, www.oberteich.kaliningrad.ru,* €€

Skan-Tourist [O]
Das Betondesign des Sowjetbaus am Oberteich schreckt eher ab, aber das Haus hat schöne, modernisierte Zimmer mit Blick ins Grüne. *94 Zi., uliza A. Newskowo 53, Tel. 0112/46 08 01, Fax 45 18 23, www.skan-hotel.ru,* €€

Tschaika [O]
Vorkriegshotel in grüner Altstadtlage nahe der Luisenkirche, Mitte der 1990er-Jahre renoviert, solide und gemütlich, sehr gutes Restaurant. *24 Zi., uliza Pugatschowa 13, Tel. 0112/21 07 29, Fax 21 28 16, www.hotel.kaliningrad.ru,* €€

AM ABEND

Dramentheater (Dramatitscheskij Teatr) [U A1]
Auf dem Spielplan stehen Komödien, Zeitgenössisches und Klassiker. Wer Russisch nicht so gut versteht, dass ein Bühnenstück Genuss bereitet, besuche ein Konzert der Philharmonie. Das Sinfonieorchester unter Arkadij Feldman gehört zu den besten Russlands. *Prospekt Mira 4, Tel. 0112/21 24 22, Tageskasse Di–Do 12–20 Uhr, Mo Kasse der Philharmonie. Die Vorstellungen beginnen meist um 19 Uhr.*

Fiora Jazz Bar [U B1]
Treff der Kaliningrader Jazzszene, abends oft rappelvoll. *Sowjetskij prospekt 38, kein Ruhetag*

Francis Drake [U B1]
Rauchiger Pub im Seefahrerlook, das schwarze Bombadier-Bier hat es in sich. Coole Atmosphäre. *Sowjetskij prospekt 19, kein Ruhetag*

Staatliche Philharmonie (Konzertnyj Sal Filarmonii) [U C6]
Der Orgelsaal in der ehemaligen katholischen Kirche zur Heiligen Familie auf dem Oberhaberberg besticht mit herrlicher Akustik. Größere Konzerte finden im Theater statt, dort gibt es auch die Karten. Beginn der Vorstellungen meist 17–19 Uhr. *Uliza Chmelnizkowo 61 a, Tel. 0112/21 43 35 und 44 88 90*

Wagonka [O]
Die Kultdisko der Stadt, oft Livekonzerte populärer russischer Bands. Die Wagonka war einmal das Kulturhaus der Waggonbauer und noch früher, vor dem Krieg, eine evangelische Kirche. *Uliza Stanotschnaja 12, Fr–So ab 22 Uhr, Eintritt 3–6 Euro*

AUSKUNFT

Ein zentrales Auskunftsbüro gibt es nicht mehr, Informationen erhalten Sie aber in allen großen Hotels oder in einem der über 70 Reisebüros. Empfehlenswert ist die Broschüre »Welcome to Kaliningrad« (englisch/russisch) mit aktuellen Veranstaltungen, Adressen usw., die fast überall kostenlos ausliegt.

ZIELE IN DER UMGEBUNG

Bagrationowsk (Preußisch Eylau) [109 D5]
Von Bedeutung ist Bagrationowsk (8000 Ew.), 40 km südlich von Kaliningrad, heute vor allem als größter russisch-polnischer Grenzübergang des Gebiets. Schlagzeilen hat die Stadt unlängst gemacht, als der Bürgermeister neue Ortsschilder aufstellen ließ, die nun auch den deutschen Namen nennen: Preußisch Eylau. Ein geschichtsträchtiger Name, auch für Russland. Hier stoppte im Februar 1807 ein vereinigtes russisch-preußisches Heer erstmals den Siegeszug Napoleons. Ein 1856 geweihtes Denkmal erinnert an die blutige Schlacht, in der für ein Unentschieden fast 55 000 Soldaten starben. Der heutige Name der Stadt ehrt ihren damaligen Verteidiger, General Pjotr Bagration.

Nahe der 1325 gegründeten Ordensburg *Yladia,* Keimzelle des Städtchens, bezaubert die neue russisch-orthodoxe Kirche mit vergoldeten Zwiebeltürmen, das erste Gotteshaus im traditionellen russischen Sakralbaustil des 17. Jhs. im Kaliningrader Gebiet. Über die Geschichte von Preußisch Eylau bis Bagrationowsk informiert ein *Heimatmuseum* im ehemaligen Landratsamt, *uliza Kaliningradskaja, Mo, Di und Fr 10–12 und 14–17, Sa 10–14 Uhr, Eintritt 2,50 Euro.*

Insi Tip

Gwardejsk (Tapiau) [109 F4]
★ Die »Stadt der Garde« (12 000 Ew.), 37 km östlich von Kaliningrad an der Deime gelegen, hat die besterhaltene Innenstadt in Nordostpreußen. Auf dem Marktplatz stehen noch das Rathaus von 1922, viele Bürgerhäuser und die Pfarrkirche aus dem frühen 16. Jh. In Tapiau wurde Lovis Corinth (1858–1925) geboren. Das Elternhaus des berühmten impressionistischen Malers birgt ein kleines Ge-

Die Pfarrkirche St. Georg in Prawdinsk wurde im 14. Jh. erbaut

denkmuseum. Wahrzeichen der Garnisonsstadt ist die Burg an der Deime, heute Gefängnis. In der Burg Tapiau starb 1568 Herzog Albrecht. Eine einfache Herberge finden Sie neben dem Rathaus, das Hotel heißt wie die Stadt *Gwardejsk (14 Zi., uliza Telmanna 14, Tel. 01159/24 41, €).*

Prawdinsk (Friedland) **[109 E5]**
Schon von weitem grüßt der Turm der spätgotischen Pfarrkirche St. Georg über dem Landstädtchen 45 km südöstlich von Kaliningrad, das mit einem fast geschlossenen altstädtischen Ensemble überrascht: Nehmen Sie sich Zeit für einen geruhsamen Stadtspaziergang durch Prawdinsk (7000 Ew.) zwischen Seufzerbrücke, Mühlenteich und Marktplatz. Auf dem alten Friedhof, heute Teil des Stadtparks, erinnert ein Denkmal an die (verlorene) Schlacht der preußisch-russischen Koalition gegen Napoleon. An Übernachtungsmöglichkeiten hat die Stadt noch nicht viel zu bieten. Es gibt nur das kleine Hotel *Prawdinsk, 4 Zi., uliza Torgowaja 18, Tel. 01157/212 37, Fax 213 31, €.*

Schelesnodoroschnyj (Gerdauen) **[110 A6]**
Der Zungenbrecher heißt übersetzt schlicht Eisenbahn und erinnert an Zeiten, als Gerdauen ein bedeutender Verkehrsknotenpunkt war. Das ist lange vorbei. Heute liegt der idyllische Ort (3000 Ew.) 65 km südöstlich von Kaliningrad an der polnischen Grenze, wo alle Gleise enden: Endstation Gerdauen. Im Bahnhof, an dessen Größe sich die alte Bedeutung des Orts gut ablesen lässt, langweilen sich russische Zöllner. Sehenswert ist der erhaltene, leider arg heruntergekommene Stadtkern mit seinen Fachwerk- und Laubenhäusern und der Pfarrkirche aus dem 15. Jh.

Ostseegold aus dem Tagebau

Sein Reichtum an Bernstein hat das Samland berühmt gemacht

Wie eine kantige Tafel schiebt sich die Halbinsel Samland zwischen Frischem und Kurischem Haff in die Ostsee vor – 75 km lang, 30 km breit, mit einer bis zu 60 m aufragenden, immer wieder von Schluchten durchbrochenen Steilküste. Berühmt wurde das Samland (wohl vom litauischen *szeme,* Erde, Land) durch seinen Bernsteinreichtum: Nirgends sonst lagert das Gold der Ostsee in solchen Massen wie hier. Nahe der Siedlung Palmnicken, die heute Jantarnyj, »aus Bernstein«, heißt, gibt es den einzigen Bernsteintagebau der Welt. Im Sommer verwandelt sich die Bernsteinküste in ein Badeparadies. Viele Kilometer ziehen sich breite Sandstrände hin, hinter Jantarnyj und jenseits des Kaps Brüsterort laufen die steilen Kliffe allmählich in sanfte Dünen aus.

BALTIJSK (PILLAU)

[114 A5–6] Ganz am südlichen Zipfel des Samlands versteckt sich eine Stadt, die auch nach der Öffnung Kaliningrads ein abgeriegelter Ort blieb: Wer Baltijsk (29 000 Ew.) besuchen möchte, benötigt einen Passierschein. Den können Sie in Kaliningrad bekommen, zum Beispiel direkt beim Oberkommando der Baltischen Flotte. Einfacher ist es aber über ein Reisebüro.

Das einstige Pillau gilt heute als eine der wichtigsten Marinebasen Russlands. Standhaft wehren sich die Admiräle gegen die Öffnung ihres Kriegshafens, doch vielleicht sind die Tage der letzten gesperrten Stadt an der Ostsee schon gezählt: Die Regierung lässt in Baltijsk ein modernes Terminal bauen, in dem bald Großfähren aus Deutschland und St. Petersburg anlegen sollen. Bei so viel Europaoffenheit passt ein verbotener Ort nicht mehr ins Bild.

Die 1945 fast ausgelöschte Seestadt hat ihr Aussehen völlig verändert. Das historische Zentrum existiert großenteils nicht mehr, der Rathausplatz ist nur noch an den Resten des Springbrunnens zu erkennen. Doch manches steht, der Leuchtturm, die Lotsenhäuser, das alte Hafenamt – und vieles wäre wieder aufzubauen. Der Bürgermeister hegt ehrgeizige Pläne: Ein Handelszentrum soll aus dem Seehafen werden mit Frachtpier, Yachtmarina, Hotels und Anbindung an

Willkommen in Baltijsk (Pillau): Zar und Leuchtturm grüßen

Schiffe der russischen Marine bestimmen das Bild im Hafen von Baltijsk

die europäischen Schifffahrtsrouten. Studenten der Fachhochschule Aachen haben ein Konzept zum Wiederaufbau der historischen Altstadt erstellt, und eine Unternehmensgruppe aus Skandinavien würde in den Yachthafen investieren. Solange in Baltijsk die Marine das Kommando hat, wird daraus wohl nichts werden. Doch immerhin, einmal im Jahr steht die Stadt allen offen: am letzten Sonntag im Juli, dem Tag der Flotte.

SEHENSWERTES

Hafen (Port)

Die Geschichte dieser Stadt ist die Geschichte ihres Hafens. Die weiträumige Anlage aus Vor-, Innen-, Hinter-, Marine- und Fischerhafen brachte Pillau schon die Bezeichnung Klein Amsterdam ein, so sehr schneiden sich die verzweigten Becken in die Stadt ein. Teile des in den 1980er-Jahren beträchtlich ausgebauten Ports sind bis heute für jeden Zutritt gesperrt.

Der älteste Schiffsliegeplatz, der so genannte Graben, stammt aus dem Jahr 1683. Im alten Hafen legten in den 1920er-Jahren die weißen Seedienstdampfer an. Anfang 1945 schrieb Pillau als »größter Fluchthafen der Weltgeschichte« das traurige Schlusskapitel Ostpreußens: 625 000 Menschen gelang von hier aus die Flucht in den Westen, ehe die völlig zerstörte Stadt am 25. April, also erst zwei Wochen nach der Kapitulation Königsbergs, von der Roten Armee erstürmt wurde.

Leuchtturm (Majak)

★ Wahrzeichen der Stadt und wohltuender rotweißer Farbtupfer angesichts der vielen grauen Kriegsschiffe. 1813 nach Plänen von Karl Friedrich Schinkel erbaut, versieht der 32 m hohe Leuchtturm noch heute seinen Dienst, renoviert und mit moderner Technik. 116 Stufen führen hinauf zur Plattform, von der sich ein Panoramablick auf Stadt, Hafen und Haff bietet.

ider
p

Nordermole (Mol)

Die Seestadt von der Seeseite. Beim Spaziergang auf die 2 km lange, von Wind und Wellen gezeichnete Nordermole meint man zurückblickend, eine andere Stadt zu sehen, so dominant treten der Leuchtturm und der wuchtige Lotsenturm an der Hafeneinfahrt von hier aus in Erscheinung. Vom Molenkopf, wo ein Richtfeuer den Schiffen das Fahrwasser weist, reicht der Blick bei guter Sicht bis hinüber nach Jantarnyj (Palmnicken). Im Vordergrund ragen die drei Kreuze der im Jahr 2000 angelegten russisch-deutschen Kriegsgräbergedenkstätte aus den Dünen. Auf der Mole steht seit Oktober 2003 eine 6,5 m hohe Bronzestatue der Zarin Elisabeth (1709–62), unter deren Regentschaft die russische Armee im Siebenjährigen Krieg die Festung Pillau einnahm.

Peter der Große (Pamjatnik Petru Pjerwomu)

Das 1997 errichtete Denkmal am Leuchtturm erinnert an die Landung des Reformzaren am 13. Mai 1697 in Pillau. Auf Einladung des Kurfürsten Friedrich III. von Brandenburg (1657–1713) übernachtete Peter I. in der Zitadelle, bevor er die »Große Gesandtschaft« begann – seine berühmte Studienreise, die ihn durch halb Europa führte.

Reformierte Kirche (Prawoslawnaja Zerkow)

Die 1866 errichtete Kirche diente in der Sowjetzeit als Kino. Seit 1992 ist sie wieder Gotteshaus und gehört der russisch-orthodoxen Gemeinde. *Uliza Generala Gonowko*

Zitadelle (Krepostj)

★ Die mächtige Festung, 1626–32 in Form eines fünfstrahligen Sterns errichtet, dient als Kaserne und ist noch für die Öffentlichkeit gesperrt, aber immer häufiger lässt die Flotte Besuchergruppen hinein und plant die Einrichtung eines Museums.

MUSEUM

Museum der Baltischen Flotte (Musej Bojewoj Slawy Baltiskowo Flota)

Die Ausstellung im ehemaligen Pillauer Amtsgericht zeigt die Ge-

MARCO POLO Highlights »Bernsteinküste«

★ **Leuchtturm (Majak)**
Wahrzeichen von Baltijsk und Farbtupfer im Marinehafen (Seite 44)

★ **Zitadelle (Krepostj)**
Pillaus mächtige Festung birgt noch manches Geheimnis (Seite 45)

★ **Bernsteintagebau (Karrjer Jantarna)**
Riesige Bagger fördern das Ostseegold zutage (Seite 47)

★ **Russkoje (Germau)**
Ein deutsch-russischer Soldatenfriedhof im Zeichen der Versöhnung (Seite 49)

schichte der russischen Ostseemarine. Zar Peters Landung, Besetzung Pillaus im Siebenjährigen Krieg, Sowjetära. Es gibt auch Vorträge und Führungen. *Uliza Kronstattskaja, Mi–Sa 9.30–12 und 14–17 Uhr, Eintritt 2,50 Euro*

ESSEN & TRINKEN

Café Magister
Lokal im Rathaus. Der Bürgermeister isst, der Speisekarte nach, offenbar gern Fisch. Schmeckt auch. *Uliza Lenina 1, Tel. 01145/208 65, kein Ruhetag, €€*

Na Kraju Rossii
Das Restaurant »Am Rand Russlands« gehört zum Hotel Zolotoy Jakor, dem einstigen Goldenen Anker. *Morskoj Boulevard 6, Tel. 01145/200 58, kein Ruhetag, €*

ÜBERNACHTEN

Zolotoy Jakor
Direkt am Hafen, im Gebäude des einst berühmtesten Pillauer Hotels Goldener Anker, dessen Namen das bescheidene Gästehaus nun auch wieder trägt. Der Glanz der goldenen 1920er bleibt Vergangenheit. *33 Zi., Morskoj Boulevard 6, Tel./Fax 01145/200 58, €€*

AUSKUNFT

Insider Tipp **Zolotaya Orchideya**
Tatjana Kolokolzewa und ihr Tourismusbüro Goldene Orchidee beschaffen Passierscheine für Baltijsk (Pillau) und die Frische Nehrung und organisieren darüberhinaus im Sperrgebiet alles nur Mögliche: Stadtrundgänge, Ausflüge mit Picknick sowie Schiffs- und Yachttouren auf Haff und Ostsee. Außerdem betreibt Tatjana Kolokolzewa im Pillauer Ortsteil Menschikowo (Neuhäuser) eine kleine *Pension, 7 Zi., uliza Lenina 32, Tel. 01145/220 16, Fax 210 98, www.enet.ru/~goldorch.*

ZIELE IN DER UMGEBUNG

Baltijskaja Kosa (Frische Nehrung) [108 A4–5] Insider Tipp
Gegenüber dem Seetief beginnt die Frische Nehrung. Eine Fähre setzt dorthin über. In Neutief sind noch die Reste der zweiten Festung Gustav Adolfs erkennbar. Die von der polnisch-russischen Grenze geteilte Nehrung ist nach wie vor Militärsperrgebiet. Durch die jahrzehntelange Isolation blieb dort ein einzigartiges Ökosystem erhalten.

Pawlowo (Lochstädt) [114 A5]
Gegenüber dem Schlagbaum nach Baltijsk liegt direkt am Haff eine von Wasser umspülte Ruine: die Trümmer der 1270 errichteten Burg Lochstädt, einst eine bedeutende Festung des Deutschen Ordens am Frischen Haff. Preußenkönig Friedrich I. ließ Lochstädt 1702 zur Hälfte abreißen, um die Zitadelle Pillau zu erweitern. Mehrere Expeditionen suchten hier schon nach dem verschollenen Bernsteinzimmer – bislang vergeblich.

Tenkitten [114 A4]
Kurz hinter Primorsk in Richtung Baltijsk zweigt rechts ein Weg ab, der einst in das nicht mehr existierende Dorf Tenkitten führte. Dort steht dicht an der Ostsee ein fast 9 m hohes Kreuz zum Gedenken an Adalbert von Prag, den ersten Missionar der Pruzzen. Der heilige

Adalbert starb hier der Legende nach 997 den Märtyrertod. Schon Dänenkönig Knut der Große soll an dieser Stelle 1076 eine Gedächtniskapelle erbaut haben. Das erste Kreuz ließ die polnische Gräfin Elisabeth Wielkopolska 1831 aufstellen, es verschwand in sowjetischer Zeit. Im Adalbert-Gedenkjahr 1997 errichteten Christen aus Russland, Polen und Deutschland als Zeichen der Ökumene ein neues.

JANTARNYJ (PALMNICKEN)

[114 A2] Jantar heißt auf russisch Bernstein, und der bestimmt in Jantarnyj (5000 Ew.) das Leben. Am Rand der Siedlung liegt der Bernsteintagebau, in dem pro Jahr 600 bis 800 t Rohbernstein gefördert werden – laut Statistik fast 95 Prozent des Weltvorkommens. Rings um Jantarnyj stößt man überall auf Spuren der industriellen Förderung. Der 1899 erschlossene erste Tagebau Kraxtepellen ist heute ein riesiger See, in dem auch Palmnickens ältestes Siedlungszeugnis versank: der große pruzzische Burgwall.

Trotz seiner Ostseelage ist Jantarnyj bis heute nicht auf Tourismus eingestellt. Es gibt weder Hotels noch Gastronomie, der Ort macht bis auf die Hauptstraße, die *uliza Sowjetskaja,* einen ziemlich trostlosen Eindruck. Das mag daran liegen, dass dies jahrzehntelang Sperrgebiet im Sperrgebiet war: Selbst Einwohner des Kaliningrader Gebiets durften den Bernsteinort nur mit Sondergenehmigung betreten.

SEHENSWERTES

Bernsteintagebau (Karrjer Jantarja)
★ Fast 60 m tief haben sich die Riesenbagger schon hinabgefressen,

Nicht schön, aber effektiv: Bernsteintagebau in Jantarnyj (Palmnicken)

dort bauen sie die so genannte Blaue Erde ab, in der die Bernsteinbrocken stecken wie Rosinen im Kuchen. Der Weg zum Tagebau zweigt am südlichen Ortseingang an der Betonskulptur rechts ab. Das gesamte Gelände ist streng bewacht, Führungen müssen angemeldet werden und sind meist auch nur in Gruppen möglich. Anmeldungen über Oleg Schlosser, einen ehemaligen Mitarbeiter des Bernsteinkombinats, der auch Insider Tipp **Führungen in deutscher Sprache** durch das Werk und den Besuch des werkseigenen Museums (nur nach Anmeldung) organisiert. *Mo–Do, Tel. 01143/373 53*

Insider Tipp

Holocaust-Denkmal (Pamjatnik Cholokosta)

Anfang 1945 richtete die SS an der Bernsteinküste das letzte Massaker des Holocaust an. Etwa 7000 jüdische Häftlinge des Konzentrationslagers Stutthof bei Danzig wurden in tagelangem Todesmarsch nach Palmnicken getrieben. Dort wollten die SS-Henker sie lebendig im Bernsteinwerk einmauern, doch mutige Einwohner verhinderten das. In der Nacht zum 31. Januar wurden die Kolonnen, überwiegend jüdische Frauen, am Strand erschossen oder unter MG-Salven ins Meer gehetzt. Nur 21 Menschen überlebten. Ein schlichter Gedenkstein bei der Grube Anna erinnert in Russisch und Hebräisch an den grausamen Massenmord.

Kasaner Kirche (Kasanskaja Zerkow)

Die 1892 für die Angestellten des Bernsteinwerks gebaute neugotische Feldsteinkirche gehört seit

Baltisches Gold

Bernstein suchen wie die Profis

Den meisten Bernstein gibts nach schweren Stürmen im Frühling und Herbst. Suchen Sie dort, wo die Wellen Seegras und Algen angespült haben. Oder orientieren Sie sich an den Einheimischen. Die wissen, ob und wo es sich lohnt: Bernsteinsammeln ist hier Volkssport. Profis warten bei Sturm nicht, bis der begehrte Sonnenstein an den Strand gespült wird, sondern keschern die Brocken mit großen Netzen aus der Brandung – selbst mitten im Winter. Der Job ist gefährlich, aber manche fischen in einer Stunde mehrere Kilogramm aus der tobenden See. Ergiebig ist die Suche auch an den Pipelines, die die Blaue Erde aus dem Werk zurück an den Strand spülen. Der Schlamm enthält noch immer viel Rohbernstein, doch das Wühlen ist nicht umsonst zu haben: Zunächst wird eine »Gebühr« fällig, die schon mal 100 Euro betragen kann. Ein ziemlich dunkles Geschäft mit dem Sonnenstein. Wer es trotzdem probieren will, die Abflussrohre sind ganz einfach zu finden: Einfach in Jantarnyj am Supermarkt Univermag zum Strand hinuntergehen.

Der Soldatenfriedhof von Russkoje erinnert an die Kämpfe des Jahres 1945

1990 den Orthodoxen, die sie wieder in Stand setzten und nun dreimal wöchentlich Gottesdienst feiern. *Uliza Sowjetskaja 46*

EINKAUFEN

Bernstein

Der Fabrikverkauf im Werk bietet ziemlich altmodischen Schmuck, selten etwas Besonderes *(Mo–Fr 8–12 und 13–17 Uhr)*. Besser ist das Angebot im Geschäft der Gemeindeverwaltung, *uliza Sowjetskaja 76, unregelmäßig geöffnet.* Dort gibt es große Schauvitrinen, eine kleine museale Ausstellung und mitunter sogar die Möglichkeit, einem Bernsteinkünstler bei der Arbeit zuzuschauen.

Vor dem Haus der einstigen Palmnicker Bürgermeisterei bieten oft Jugendliche Bernstein aller Art und Größe billig an. Nach der Herkunft der Stücke fragen Sie besser nicht. In Jantarnyj leben außerdem einige private Bernsteinkünstler, die mit Lizenz arbeiten. Bei ihnen gibt es auch ausgefallene Schmuckideen.

ZIEL IN DER UMGEBUNG

Russkoje (Germau) [114 B3]

★ Der größte deutsche Soldatenfriedhof im Kaliningrader Gebiet wurde 1995 vom Volksbund Deutsche Kriegsgräberfürsorge und seiner russischen Partnerorganisation Memorial angelegt. Neben den Mauerresten der Ordenskirche ruhen die Gebeine Hunderter Gefallener, von den Weltkriegsschlachtfeldern des Samlands hierher umgebettet. Der Friedhof liegt an einem geschichtsträchtigen Ort. Hier befand sich die legendäre Pruzzenburg Girmowe, die selbst dem Deutschen Orden lange Zeit widerstand. Das heutige Russkoje, 6 km südöstlich von Jantarnyj gelegen, hat 600 Einwohner.

Heimat der edlen Pferde

Im Land der trutzigen Ordensburgen und der königlichen Jagdgründe galoppieren immer noch Trakehner über weite Wiesen

Aus allen Reisezielen im Südosten des Kaliningrader Gebiets klingt ein Name mystisch heraus: Trakehnen. Tausende pilgern Jahr für Jahr in das einstige Hauptgestüt, dessen Eingangstor mit der Elchschaufel zu den berühmtesten Baudenkmälern im alten Ostpreußen zählt. Dabei gibt es das »Heiligtum der Pferde« gar nicht mehr. Es versank 1945 zusammen mit der Provinz, Trakehnen ging unter in einer Rindersowchose, die inzwischen auch in Trümmern liegt. Doch wenige Kilometer entfernt, im Gestüt Georgenburg, ist die Zucht der edlen Warmblüter zu neuem Leben erwacht. Das Land zwischen Pregel, Angerapp und Inster ist fruchtbar, und um die Landwirtschaft steht es hier besser als irgendwo sonst im Kaliningrader Gebiet. Zwei Städte prägen diese Region: Gusew, das helle, freundliche Gumbinnen, wegen des im 18. Jh. angelegten geometrischen Stadtplans auch Potsdam des Ostens genannt, und Tschernjachowsk, das alte Insterburg. Die mächtige Ordensfeste, die der Stadt den Namen gab, trotzte im 14. Jh. den Attacken der Litauer. Inzwischen haben Jugendliche die Insterburg friedlich eingenommen und halten bewegte Geschichte auf ihre Weise am Leben.

Zeuge vergangenen Ruhms: das Landstallmeisterhaus in Jasnaja Poljana (Trakehnen)

Edles Warmblut: Trakehner Hengst

GUSEW (GUMBINNEN)

[111 D4] Vier breite Hauptstraßen, aus jeder Himmelsrichtung eine, laufen rechtwinklig auf den Marktplatz zu. Dort thront erhaben die 1911 nach Schinkels Plänen errichtete *Neue Regierung* – ein stattlicher Bau aus der Zeit, als Gumbinnen Hauptstadt eines Regierungsbezirks war. Das heutige Gusew (28 000 Ew.) ist ein munte-

Propst Heye Osterwald in der Salzburger Kirche

res Bezirkszentrum, in dem es vieles aus dem alten Gumbinnen zu entdecken gibt. Der preußisch gradlinige Stadtplan geht zurück auf Schultheiß von Unfried, den Baumeister Friedrich Wilhelms I. Der Soldatenkönig ließ den von der Pest fast völlig entvölkerten Ort neu gestalten, 1724 zur Stadt erheben und mit Glaubensflüchtlingen aus halb Europa besiedeln. Besonders zahlreich kamen Protestanten aus Salzburg, an die heute noch die Salzburger Kirche erinnert.

SEHENSWERTES

Elchskulptur (Skultpura Lossja)
Gusews Wahrzeichen ist der Gumbinner Elch. Die 1911 von Ludwig Vordermaier geschaffene imposante Skulptur steht in einer Grünanlage in der Königstraße *(uliza Pobedy)*. Die Gusewer, seit jeher von einem gesunden Selbstbewusstsein geprägt, holten sich ihren Elch 1991 aus dem Kaliningrader Zoo zurück, wohin er nach dem Krieg verfrachtet worden war.

Salzburger Kirche (Evangelitscheskaja Zerkow)
Das zierliche Gotteshaus wurde mit deutscher Hilfe saniert und 1994 neu geweiht. Wo zur Sowjetzeit Autos repariert wurden, versammelt sich nun wieder eine evangelische Gemeinde. *Uliza Mendelewa*

MUSEUM

Heimatmuseum (Gorodskoj Musej)
Die Ausstellung in der einstigen Villa Stapelmann zeigt die Entwicklung von Stadt und Umgebung. *Uliza Malachowa 10, Mi–So 12–16 Uhr, Eintritt 1 Euro*

ESSEN & TRINKEN

Gloria
Bestes Restaurant in Gusew, bewährte Küche. Die 🏃 Bar wird

abends zum Treff des Jungvolks. *Uliza Pobedy 5, Tel. 01143/334 25, kein Ruhetag, €€*

Kosmos
Schlichtes russisches Lokal, zu dem auch eine Tageskantine und eine Bar gehören. Abends oft Tanzmusik. *Prospekt Lenina 20, Tel. 01143/335 65, mittags und So geschl., €*

ÜBERNACHTEN

Rossija
Der ehemalige Kaiserhof ist heute ein anspruchsloses, aber zentral gelegenes Hotel mit eigenem Restaurant. *39 Zi., uliza Kosmodemjanskoj 2, Tel. 01143/325 57, Fax 315 68, €–€€*

AUSKUNFT

Die Mitarbeiter des *Ost Reise Service, uliza Pobedy 5, Tel. 01143/342 20,* geben Auskunft in deutscher Sprache und vermitteln Privatquartiere. Auch bei der *Interessengemeinschaft Gusew-Gumbinnen, uliza Kosmodemjanskoj 2 Tel./Fax 01143/315 68,* erhalten Sie Informationen über die Stadt.

ZIELE IN DER UMGEBUNG

Jasnaja Poljana (Trakehnen) [111 E4]
Eine schnurgerade Eichenallee führt 5 km nach Trakehnen, das nun nach Leo Tolstois Landgut bei Moskau Jasnaja Poljana, Helle Lichtung, heißt. Dass rechts und links, auf 60 000 m^2 Wiesen und 16 Vorwerke verteilt, einmal über 1000 edle Rösser standen, ist heute nicht mehr zu ahnen. Trakehnen ist Geschichte. An das Preußisch-Königliche Hauptgestüt erinnert nur noch das markante schwarz-weiße Eingangsportal mit dem Gründungsdatum 1732 im Torbogen und der siebenzackigen Elchschaufel, dem Brandzeichen der Trakehner. Im Hof ragt eine mächtige Traubeneiche empor. Auf dem Sockel des sowjetischen Heldendenkmals davor stand einst die Skulptur von Tempelhüter, Trakehnens berühmtestem Deckhengst. Die Rote Armee

MARCO POLO Highlights »Der Südosten«

★ **Reformierte Kirche (Swjatomichajlowskij Sobor)**
Ikonen, Kerzen, Glockenspiel: Die Michaelskathedrale in Tschernjachowsk ist ein heiliger Ort (Seite 56)

★ **Rominter Heide**
Exkursionen in die Große Wildnis (Seite 54)

★ **Majowka (Georgenburg)**
Im alten Landgestüt stehen wieder rassige Trakehner (Seite 56)

★ **Tschistye Prudy (Tollmingkehmen)**
Litauens erster klassischer Dichter war ein Deutscher (Seite 55)

schleppte das Denkmal 1945 als Trophäe nach Moskau. Das Landstallmeisterhaus beherbergt heute die Dorfschule, doch Schüler und Lehrer richteten mit Unterstützung eines deutschen Trakehnenvereins Insider Tipp ein kleines, sehenswertes *Museum (Mo–Fr 8–16 Uhr, Eintritt frei, Spende erbeten)* ein, das an die einst größte Pferdezuchtstätte der Welt erinnert. Sonst macht Jasnaja Poljana (1500 Ew.) einen ziemlich traurigen Eindruck. Gut essen können Sie im Landgasthaus *Zur Alten Apotheke, uliza Zentralnaja 21, Tel. 01144/934 68, Fax 934 16, kein Ruhetag, €€*. Die Betreiber, freundliche Russlanddeutsche, bieten auch drei einfache, aber behaglich eingerichtete Zimmer an.

Rominter Heide **[111 E5]**

★ Es gibt weder ausgeschilderte Wanderwege noch Raststätten oder Hotels. Bringen Sie nur ein wenig Orientierungsvermögen, eine gute Karte und ausreichend Verpflegung mit, und starten Sie Ihren Wandertag von *Krasnolesje* (Groß Rominten), *Tokarjowka* (Hohenwaldeck) oder der romantischen Siedlung *Pugatschowa* (Schanzenort) aus. Die Hauptwege sind in ganz ordentlichem Zustand. Für längere Trekkingtouren gibt es ein schönes Ziel: den Marinowo-See im Norden der Heide. Diesen schönsten aller Rominter Waldseen zu erwandern, brauchen Sie von Pugatschowa aus nur eine Stunde, von Krasnolesje sollten Sie fünf Stunden einplanen, die tief durch den schönsten Teil dieses Märchenwalds führen. Am Marinowo-See gibt es eine kleine Erholungsbasis, wo Sie in kleinen Hütten übernachten oder ein Zelt aufschlagen können. Alles ist schlicht und einfach, aber es gibt viel Platz zum Grillen, Ballspielen, Baden, einen kleinen Bootsverleih – und würzig-frische Luft. Naturcamping *Nördliches Tal (Sewernaja*

Ausgewiesene Wanderwege gibt es in der Rominter Heide nicht

Dolina), Pugatschowa Nr. 29, Tel. 01143/308 76, master.ib@baltnet.ru

Tschistye Prudy (Tollmingkehmen) **[111 E5]**
★ Der Name Tollmingkiemis leuchtet in der litauischen Literaturgeschichte als heller Stern. In dem idyllischen Ort am Nordrand der Rominter Heide (1400 Ew.), 25 km südöstlich von Gusew, lebte und wirkte der deutsche Pfarrer Christian Donalitius (1743–90), den die Litauer Kristijonas Donelaitis nennen und als Begründer ihrer klassischen Dichtung verehren. Die ehemalige Pfarrkirche wurde als Gedenkstätte wieder aufgebaut. Von der Galerie des Kirchturms aus haben Sie einen herrlichen Blick auf das heutige Tschistye Prudy (Saubere Teiche) und seine malerische Umgebung. *Museum Di bis Do 10–18 Uhr, Eintritt 80 Cent*

TSCHERNJACHOWSK (INSTERBURG)

[110 B–C4] Schon von weitem grüßen ziegelrot zwei schlanke Spitzen über den Dächern von Tschernjachowsk. Es sind die Türme der reformierten und der katholischen Kirche. Insterburgs historisches Wahrzeichen freilich, die barocke Lutherkirche, fehlt – und mit ihr der ganze Alte Markt, den Reiseführer aus der Vorkriegszeit als einen der schönsten Plätze Ostpreußens bewunderten. Der erste sowjetische Bürgermeister ließ die Häuserzeilen niederreißen, um Platz für ein Lenin-Denkmal zu schaffen. Tschernjachowsk (45 000 Ew.) hat trotz erheblicher Kriegszerstörungen gewachsene Schönheit bewahrt. Der Puls der drittgrößten Stadt des Kaliningrader Gebiets schlägt heute in der *uliza Lenina,* der ehemaligen Hindenburgstraße, die schnurgerade vom Alten Markt *(ploschtschad Lenina)* zum Bahnhofsplatz ansteigt. Parallel verläuft die alte Wilhelmstraße *(uliza Pionerskaja),* die stille Schwester der quirligen Flanierstraße. Uralte Linden und breite Gehwege verleihen ihr etwas anheimelnd Vertrautes. In der Wiechertstraße *(uliza Sowjetskaja)* erinnern Gründerzeit- und Jugendstilfassaden an die Zeit, als Insterburg durch seine Lage im Knoten von sechs Bahnlinien und zwei Fernstraßen zu Wohlstand kam. Benannt ist die Stadt seit 1946 nach Iwan Tschernjachowskij, dem jüngsten General der Roten Armee im Zweiten Weltkrieg.

SEHENSWERTES

Ännchenstein Insider Tipp
1689 starb in Insterburg die Pfarrerswitwe Anna Beilstein. Das hätte die Welt vermutlich längst vergessen, gäbe es da nicht dieses Lied aus der Feder des Königsberger Musikprofessors Simon Dach: Als »Ännchen von Tharau« wurde die Ostpreußin unsterblich. Ihr Grab selbst gibt es nicht mehr, aber den Gedenkstein fand man 1993 wieder und stellte ihn am Ufer der Angerapp auf.

Katholische Kirche (Katolitscheskaja Zerkow)
Die 1912 erbaute katholische Kirche diente im Sozialismus der Sowjetarmee: als Waffenlager. Heute feiert hier wieder die von polni-

schen Franziskanern betreute katholische Gemeinde ihre Messen, im Sommer finden in der Kirche regelmäßig wunderbare Chorkonzerte statt.

Insider Tipp

Reformierte Kirche (Swjatomichajlowskij Sobor)

★ Auf den drei Turmspitzen glänzen goldene Kreuze, drinnen brennen knisternd Kerzen unter uralten Ikonen, und wenn Otjez Iossif, Vater Josef, nachmittags die elf Glocken läutet, scheint die Stadt in sich hineinzulauschen: Die Michaelskathedrale ist ein heiliger Ort. Jeden Tag kommen viele Menschen hierher, manche für ein kurzes Gebet, einige bleiben stundenlang. Erbaut von 1886 bis 1890 von Friedrich Adler im neoromanischen Stil mit einem 60 m hohen Glockenturm, war die Kirche am Markgrafenplatz als architektonischer Kern der Neustadt gedacht. Die sowjetische Zeit überstand der Bau als Turnhalle. 1989 übernahm sie die russisch-orthodoxe Kirche als zweites Gotteshaus überhaupt im Gebiet.

Insider Tipp

Schloss Insterburg (Samok)

Willkommen in der Ordenszeit: Junge Leute aus der Stadt haben Schloss Insterburg in eine Begegnungsstätte der besonderen Art verwandelt, und vor allem das Festival mittelalterlicher Kultur im August mit Ritterfestspielen und Schattentheater erfreut sich großer Beliebtheit. Im Schloss gibt es ein kleines Museum. Jährlich treffen sich hier Archäologen und Studenten zum internationalen Sommerlager *Kamswikus,* um gemeinsam auf den Spuren der Geschichte zu forschen.

Der am Zusammenfluss von Inster und Angerapp zum Pregel gelegene Ort hat da einiges zu bieten. Schon die Pruzzen kontrollierten dort die Verkehrswege von ihrer Feste *Unsatrapis* aus. Nach deren Zerstörung errichtete der Deutsche Orden 1335 auf einer Bergnase über der Angerapp die Ordensburg Insterburg. *Uliza Samkowaja 1, Eintritt 1 Euro*

ESSEN & TRINKEN ÜBERNACHTEN

Korona

Das von der Molkerei betriebene Restaurant hieß anfangs Wlada und galt als erstes westliches Lokal in der Stadt. *Uliza Krupskoij 3 a, kein Ruhetag,* €€

Kronwerk

Kleine, schlichte Pension am Neuen Markt, mit Bar/Restaurant im Haus. *3 Zi., uliza Sadowaja 21 a, Tel./Fax 01141/326 91,* €–€€

Traktir Janowskij

Die rustikale Kneipe liegt zwar etwas abseits am Stadtrand, aber die deftige russische Küche gehört zum Besten, was Tschernjachowsk zu bieten hat. *Uliza Kaliningradskaja 137, Tel. 01141/323 21, kein Ruhetag,* €€

ZIELE IN DER UMGEBUNG

Majowka (Georgenburg) [110 B4]

★ Nur 4 km sind es von Tschernjachowsk bis Majowka (300 Ew.), wo am Nordufer der Inster die Georgenburg aufragt. Die 1351 erstmals datierte Burg der samländischen Bischöfe, ursprünglich errichtet unter Bischof Jacob I. von Samland, ist seit über 250 Jahren ein Domizil der Pferdezucht.

Das Kastell, Hauptteil der ehemaligen Festung Georgenburg

Auch im heutigen Majowka galoppieren rassige Warmblüter über die Weiden. Ein russischer Ölkonzern lässt das alte Landgestüt wieder aufbauen und knüpft Zukunft an Tradition; ein modernes Hotel und ein Wettkampfparcour sind entstanden. Das Trakehnergestüt zu besichtigen lohnt sich. Auch von der mittelalterlichen Burg ist viel erhalten. Übernachten können Sie im Hotel *Georgenburg, 13 Zi., uliza Zentralnaja 2 a, Tel./Fax 01141/339 01, €€.*

Osjorsk (Darkehmen) **[110 C5]**
Das Erstaunlichste an dieser unscheinbaren Kleinstadt (4000 Ew.) an der Angerapp ist ihr riesiger Markt. Der Platz entstand im Rahmen der Stadterhebung (1725). Doch an die Größe seines Marktplatzes wuchs der Ort nie heran. Wohl wurde Darkehmen noch einmal berühmt: 1882, als erste Stadt Deutschlands mit einer Straßenbeleuchtung. Dann wurde es wieder still. Auch das heutige Osjorsk, 26 km südöstlich von Insterburg, liegt zu abseits, um aufzublühen. Immerhin: In Osjorsk gibt es immer noch Straßenlicht. Und ein sehr schlichtes Hotel, das *Gorodskaja, 11 Zi., uliza Moskowskaja 1, Tel./Fax 01142/223 67, €.*

Suworowka (Weedern) **[110 C5]**
Eine der größten privaten Trakehnerzuchtstätten Ostpreußens erwacht zu neuem Leben: Weedern, heute Suworowka (450 Ew.) bei Osjorsk, 30 km südöstlich von Tschernjachowsk. Elena Baturina, Ehefrau des Moskauer Oberbürgermeisters, Präsidentin des russischen Pferdesportverbands und Liebhaberin edler Trakehner, lässt das 1835 gegründete, unter Eberhard von Zitzewitz zu Ruhm gelangte und unter Hammer und Sichel zur Kolchosruine verkommene Gestüt millionenschwer wieder aufbauen. Aus dem barocken Gutshaus soll ein Reiterhotel werden.

Moore, Memel, Jugendstil

In den sumpfigen Haffwäldern leben heute vor allem Elche und Biber. Doch Tilsit, die »Stadt ohnegleichen« an der Memel, gibt es immer noch

Ausgedehnte Moore prägen den Nordosten des Kaliningrader Gebiets. Die Weite scheint hier, zwischen Memeldelta und Haff, noch grenzenloser, der Himmel noch höher und klarer als irgendwo sonst im alten Ostpreußen. Nichts stellt sich dem Blick über die wilden Niedermoorwiesen in den Weg, erst am Horizont ein dunkler Saum: das Große Moosbruch. Ein Land für die Seele, nach oben offen.

Elchniederung nannte sich diese Gegend einst, es war eine geheimnisumwitterte, schwer zugängliche Landschaft mit Moorkolonien, deren schweigsame Bewohner nur auf dem Wasserweg verkehrten. Die Versuche, das amphibische Land zu kultivieren, reichen bis ins Mittelalter zurück, richtig gelungen ist es nie. Am gründlichsten scheiterten die sowjetischen Agrarstrategen. Ihre tonnenschweren Traktoren zerwalzten die Drainagen, niemand scherte sich um Vorfluter und Schöpfwerke, und das filigrane, in Generationen ausgeklügelte Entwässerungssystem brach zusammen. Seither hat der Mensch den

Viele alte Häuser in Sowjetsk (Tilsit) sind renovierungsbedürftig

Nicht nur Elche, auch Schwarzstörche leben in der Elchniederung

Rückzug angetreten, die Moorkolonien und viele der alten Niederungsdörfer sind verschwunden. Das Land sinkt unaufhaltsam in seinen Urzustand zurück. Die Moore wachsen wieder. Unwegsame Sumpfwälder beherbergen Biber, Sonnentau und Sumpfschildkröten. Schreiadler nisten hier, Schwarzstörche, und auch Ostpreußens uriges Wappentier, der Elch, fühlt sich in seiner Niederung zu Hause.

Sowjetsk (Tilsit)

[110 B–C1] Wer nach Tilsit kommt, muss den Stadtplan nicht im Kopf haben. Irgendwann wird er auf dem Fletcherplatz stehen, denn wie eh und je laufen dort, wo der Deut-

Tilsits grüne Lagune: der Schlossmühlenteich mit dem Stadtpark

sche Orden 1409 seine Burg *Tylsat* zum Schutz gegen die Litauer gründete und die Luisenbrücke über den Memelstrom führt, alle großen Straßen der Stadt zusammen wie die Speichen eines Fächers. Gebürtigen Tilsitern mag vieles sehr verändert erscheinen: Krieg und Sozialismus schlugen ihre Lücken. Dennoch zählt Sowjetsk (50 000 Ew.) zu den besterhaltenen und schönsten Städten im einstigen Nordostpreußen. Die Altstadt erinnert mit ihren harmonisch komponierten Straßenzügen an die alte Bedeutung der einst nordöstlichsten Großstadt Deutschlands, die als Handelszentrum an der Memel schon im Mittelalter zu Wohlstand aufstieg. Den sowjetischen Neusiedlern blieb der gewachsene Rhythmus der alten Architektur lange fremd. Noch in den 1970er-Jahren riss man ganze Häuserzeilen ab, auch das Schloss, das barocke Rathaus und sämtliche Kirchen. Verfall und die Spuren jahrzehntelanger Zerstörung sind überall gegenwärtig und in ihrer Dimension erschreckend. Doch die jüngeren Generationen haben begonnen, sich mit ihrer Stadt und deren Geschichte zu identifizieren. Immer mehr Gebäude in der historischen Altstadt werden renoviert.

SEHENSWERTES

Anger

Gleich hinter dem Hohen Tor *(ploschtschad Lenina)* beginnt der Anger, wie früher eine Parkanlage mit gepflegtem Rasen und Rosenbeeten. Im Sommer weht es von der nahen Memel angenehm kühl herüber, dann sind die vielen Bänke meist schnell besetzt. Alte Tilsiter vermissen ihren Elch. Die berühmte Skulptur steht heute im Kaliningrader Zoo. An seiner Stelle wuchtete man einen sowjetischen Panzer auf den Sockel und baute eine Gedenkstätte für die bei der Eroberung Tilsits gefallenen Soldaten daneben. An der Angerpromenade liegt das 1893 eröffnete Tilsiter Stadttheater, nach dem Verlust des Memellands 1921 in Grenzlandtheater umbenannt. Heute beherbergt der klassizistische Bau das Dramentheater Sowjetsk.

Fletcherplatz (Zentralnaja Ploschtschad)
Tilsits einstiger Getreidemarkt ist der beste Ausgangsort für Spaziergänge durch die Altstadt. Alles liegt nahe: Luisenbrücke und Memel, Hohe Straße und Anger, der Schlossmühlenteich. Den Fletcherplatz selbst gibt es eigentlich gar nicht mehr, seit sich hier in den 1970er-Jahren sowjetische Stadtplaner austobten. Sie ließen alles abreißen, was diesen Platz einst prägte, auch die litauische Landkirche und die Ruine der Deutschordenskirche verschwanden. Die seither schlicht Zentralplatz genannte, riesige Aufmarschfläche vereinigt Fletcher-, Schloss und Schenkendorfplatz und ist der einzige Ort im Zentrum von Sowjetsk, der sich in seiner Form radikal verändert hat. Vor den wie planlos hingeklotzten zwölfstöckigen Wohnblocks erinnert ein Gedenkstein seit 1992 in drei Sprachen an den Tilsiter Frieden, den Napoleon, Preußenkönig Friedrich Wilhelm III. und Zar Alexander im Juli 1807 auf einem in der Mitte des Memelstroms verankerten Floß abschlossen. Preußen verlor damals die Hälfte seines Königreichs.

Hohe Straße (Uliza Pobedy)
★ Sie war es in Tilsit und blieb es in Sowjetsk: die schönste und wichtigste Geschäftsstraße der Stadt. Ihren Namen erhielt die Hohe Straße im 17. Jh., als man die damalige Littauische Gasse über Flussniveau aufschüttete. Heute heißt sie Straße des Sieges. Wohl haben fast alle ihre Bürgerhäuser in den sowjetischen Jahrzehnten arg gelitten. Doch Jugendstil und Neorenaissance, die Fassaden mit Medusenköpfen, Löwenhäuptern und schmiedeeisernen Balkongerüsten strahlen immer noch die alte Pracht aus und erzählen von der Tatkraft ihrer eins-

MARCO POLO Highlights »Der Nordosten«

★ **Luisenbrücke (Most Korolewyj Luisy)**
Das berühmteste Wahrzeichen von Tilsit (Seite 62)

★ **Hohe Straße (Uliza Pobedy)**
Tilsit: sehen und gesehen werden (Seite 61)

★ **Krasnosnamensk (Lasdehnen)**
Beschauliches Kleinstadtleben am Flüsschen Scheschuppe (Seite 66)

★ **Matrosowo (Gilge)**
Bilder wie aus der Zeit gefallen im Dorf zwischen Memel und Haff (Seite 66)

Das neobarocke Sandsteinportal der Luisenbrücke

tigen Besitzer. Imposant: die *uliza Pobedy 41* mit einer Ritterfigur unter der Dachtraufe. Wunderbar auch das renovierte frühere Luisentheater, in dem sich jetzt das Café Altstadt befindet. Die Post ist noch immer Post und geht mit der Zeit: Heute kann man hier auch im Internet surfen und E-Mails versenden.

Die Hohe Straße beginnt am Fletcherplatz und endet am Hohen Tor, dem heutigen Leninplatz. Dort steht noch das Amtsgericht, es dient heute der Papierfabrik als Kulturpalast. Nebenan, im einstigen Landgericht, residiert die Stadtverwaltung.

Luisenbrücke (Most Korolewyj Luisy)

★ Die 1907 eröffnete, 416 m lange Luisenbrücke über die Memel ist das berühmteste Wahrzeichen Tilsits. Deutsche Pioniere sprengten die Bogenbrücke im Oktober 1944, nach dem Wiederaufbau blieb nur das markante Sandsteinportal übrig. Einst der preußischen Königin Luise gewidmet, symbolisiert der Torbogen für die heutigen Bewohner des Gebiets Zukunftsängste: In der Flussmitte verläuft die Grenze zu Litauen, die als Außengrenze der EU für die Russen visapflichtig abgeriegelt ist. Eine Brücke als paradoxes Sinnbild: Während in Europa die Grenzen fallen, wachsen hier neue Barrieren.

Memel (Neman)

Einen Blick auf den gemächlich dahinfließenden Memelstrom zu werfen ist in Tilsit von vielen Stellen aus möglich. Wollen Sie die melancholische Stimmung an diesem geschichtsträchtigen Strom richtig auf sich wirken lassen, gehen Sie vom Fletcherplatz in die Deutsche Straße *(uliza Gagarina)* und biegen an der ersten Querstraße rechts ab. Nach wenigen Schritten eröffnet sich ein großartiges Panorama, rechts die Luisenbrücke, links der Hafen, in dem sich freilich nur noch selten etwas rührt. Der Fluss, von den Russen Neman, von den Litauern gegenüber Nemunas genannt, hat seine einstige wirtschaftliche Bedeutung als Wasserstraße verloren. Die Memel gehört den Anglern. Diesseits und jenseits stehen sie am Ufer und werfen ihre Angeln aus, die Abwässer zweier großer Papierfabriken gleichgültig ignorierend. Auch dass die Memel EU-Außengrenze ist, stört sie nicht: Fische brauchen kein Visum.

Schlossmühlenteich (Gorodskoj Prud)

Wie eine grüne Lagune zieht sich der lang gestreckte, 1560 vom Deutschen Orden angelegte Teich längs der Altstadt hin. Dort lädt der idyllische Stadtpark, im 19. Jh. als Volkspark Jakobsruh gegründet, zu Spaziergängen ein. Ganz in der Nähe fällt die auf den alten Fundamenten neu erbaute katholische Kirche auf. Der Gemeinde gehören hauptsächlich Litauer an, in Sowjetsk lebt eine starke litauische Minderheit. Der Weg vom Schlossmühlenteich in die Altstadt führt in der Lindenstraße *(uliza Lomonossowa)* am einstigen Pfarrhaus der Kreuzkirche vorbei, den alten Tilsitern besser bekannt als *Franksche Villa*. Das in den 1990er-Jahren renovierte Haus beherbergt das städtische Waisenhaus *Iskra* (Fünkchen).

MUSEUM

Museum für Heimat und Geschichte (Gorodskoj Musej)

Im Heimatmuseum beginnt die Zeitrechnung nicht erst 1945. Die Ausstellung zeigt die preußisch-litauische und russische Geschichte der Grenzstadt und vermittelt ein

Tilsiter Käse

Er ist der Käse des Nordens – und neuerdings auch wieder ein echter Tilsiter

Die hohe Kunst des Käsemachens brachten ursprünglich Schweizer Einwanderer mit nach Ostpreußen. 1840 übernahm eine gewisse Frau Westphal eines der eidgenössischen Rezepte und begann, auf dem Gut Plauschwarren (Milchbude) bei Tilsit einen mit Kümmel und Salz gewürzten Schnittkäse herzustellen. Ihr Tilsiter verbreitete sich schnell und war bald so beliebt, dass man ihn auch in anderen Ländern zu produzieren begann. Das Rezept: geheim. Nur so viel lassen sich die Käsemeister entlocken: Der Tilsiter wird geschüttet, nicht gepresst. Der handelsübliche Tilsiter ist ein junges Ding und schon nach vier bis sieben Wochen reif. Man schätzt ihn an der Ostseeküste von Schleswig bis Finnland. Nur im russischen Sowjetsk war Ostpreußens Käsetradition jahrzehntelang unbekannt. Seit kurzem ist der *Tilsitskij* nun auch hier, an seinem Geburtsort, wieder zu haben. Mehrere Molkereien produzieren ihn, unter anderem in Slawsk (Heinrichswalde).

anschauliches Bild vom Deutschen Orden bis zu den Umbrüchen der jüngsten Vergangenheit. Auch das riesige sowjetische Wappen, das fast fünf Jahrzehnte lang am Portal der Luisenbrücke hing, ist inzwischen eingetroffen. Der Museumsdirektor besticht mit großer Detailkenntnis. *Uliza Pobedy 34, Di–So 10–18 Uhr, Eintritt 1 Euro*

ESSEN & TRINKEN

Altstadt

Restaurant im Mitte der 1990er-Jahre renovierten Gebäude des früheren Tilsiter Luisentheaters. *Uliza Pobedy 6, Tel. 01161/757 70, Sa mittags und So geschl., €€*

Insider Tipp

Marina

Leckere russische Salate, selbst gemachtes Eis in mehreren Sorten, drei Dutzend Cocktails. Bei Marina gibts nur ein Dutzend Plätze, und die sind oft alle besetzt. *Uliza Iskry 38, Tel. 01161/793 29, tgl. 14–22 Uhr, €*

Traktir

Traktir ist ein uraltes russisches Wort für Kneipe. Wer einen Borschtsch nach altem Moskauer Rezept probieren will, *soljanka* mit frischer Sahne oder eine vorzügliche Fischsuppe, ist hier richtig. Kräftige russische Küche. Biergarten. Deutschsprachige Speisekarte. *Uliza Pobedy 34 a, direkt am Fletcherplatz, Tel. 01161/766 67, kein Ruhetag, € – €€*

EINKAUFEN

Der Markt *(Rynok)* ist der größte seiner Art im Nordosten. Selbst aus Litauen kommen Händler und Käufer in die Markthalle nahe der Memel. Mehrere lokale Molkereien bieten dort auch wieder den berühmten Tilsiter Käse an, angeblich nach originalem Rezept. Und er

Insider Tipp

Flanieren auf der einstigen Hohen Straße (uliza Pobedy)

schmeckt! Zwar an jedem Stand etwas anders, aber das soll schon früher so gewesen sein. *Sa/So 8–18 Uhr, uliza Gagarina*

ÜBERNACHTEN

Lesnoj Sad (Waldgarten)
Günstiges Gästehaus, auf altrussische Art eingerichtet. Die Besitzer Nina und Wassilij sprechen kaum Deutsch, sind aber freundliche Gastgeber. *10 Zi., Pawlika Morosowa 2, Tel. 01161/771 50, €*

Zur Linde
Solides, relativ neues Privathotel am Stadtrand auf dem Drangowski-Berg nahe der Napoleonslinde. Sehr ruhig gelegen, allerdings 3 km vom Stadtzentrum entfernt. Das Hotel hat einen eigenen Kleinbus. *20 Zi., uliza Talbuschina 2, Tel./Fax 01161/765 98, €€*

Rossija
Ein außen grauer, innen schlicht renovierter Sowjetbau im früheren Reichsbankgebäude. Das beste ist die Lage: mitten in der Altstadt, direkt am Hohen Tor. Mit Restaurant und Bar. *82 Zi., ploschtschad Lenina 4, Tel. 01161/753 72, Fax 724 67, €€*

Tilsitskij Dwor (Tilsiter Hof)
Ehemaliges Wohnheim, zum Hotel umgebaut, mit Bar in der Lobby, zentrale Lage. *21 Zi., uliza Iskry 15, Tel. 01161/710 35, Fax 771 71, €–€€*

AM ABEND

Ellis
Modern eingerichteter Szeneladen mitten in der Stadt, halb Restaurant, halb Café, deutschsprachige Speisekarte, russische und europäische Küche, gute Weinauswahl, 32 Plätze, Nichtraucher. *Uliza Pobedy 16 a*

Tilsit-Theater (Tilsitskij Teatr)
Die Aufführungen im Tilsit-Theater sind so populär, dass die Kaliningrader Konkurrenz schon mehrfach versuchte, den Regisseur abzuwerben. Gezeigt werden nicht nur Dramen. Sprechen Sie Russisch? Dann wird ein Theaterbesuch in Tilsit ganz bestimmt zum Erlebnis. *Uliza Teatralnaja 5, Tel. 01161/758 51, tilsit-theatre@yandex.ru, Vorstellungsbeginn meist um 19 Uhr*

AUSKUNFT

Ein Auskunftsbüro hat die Stadt (noch) nicht, doch Infos gibt es in allen Hotels. Das Nachfragen empfiehlt sich besonders vor Ausflügen in die grenznahe Region, da dafür oft ein Passierschein *(propusk)* nötig ist. Die Hotels beschaffen die Passierscheine in der Regel noch am gleichen Tag.

ZIELE IN DER UMGEBUNG

Bolschakowo (Groß Skaisgirren) [110 B2]
Fünf Straßen und die Eisenbahnlinie Königsberg–Tilsit schnitten sich hier. Doch die Zeiten, in denen der Ort (5000 Ew.) von seiner Lage profitierte, sind sichtlich vorbei: Am einst größten Viehverladebahnhof Deutschlands ist der letzte Zug längst abgefahren. Von der historischen Bebauung blieb nicht viel erhalten. Die 1693 geweihte Kirche steht, ihr fehlt nur der Turm, sie dient heute als Kulturhaus. Das

Großdorf 30 km südwestlich von Sowjetsk bietet sich als Ausgangspunkt für Ausflüge in den Forst Wilhelmsbruch, die Elchwälder und das Große Moosbruch an. Im Ort gibt es eine passable Unterkunft: das 1995 neu gebaute Hotelrestaurant *Renata, 17 Zi., uliza Lermontowa 2, Tel. 01163/372 65, Fax 376 43, Mai–Sept. geöffnet, €€.*

Krasnosnamensk (Lasdehnen) **[111 E2]**

★ Eine beschauliche, gepflegte Bezirksstadt (4000 Ew.), 44 km südöstlich von Tilsit. Viele Gebäude sind in erstaunlich gutem Zustand. Blickfang und Augenweide: die neugotische Peter-und-Paul-Kirche, 1877 als dreischiffige Basilika mit schönen Staffelgiebeln und einem 42 m hohen Glockenturm von August Stüler errichtet. Heute feiert die russisch-orthodoxe Gemeinde hier ihre Gottesdienste.

Wenn Sie das Städtchen aus einer besonders reizvollen Perspektive erleben wollen, wandern Sie doch ein Stück am Ufer der Scheschuppe *(Szeszuppe)* entlang. Über den Fluss führt eine neue Brücke, der Wasserfall und das alte Mühlenstauwerk sind auch noch da. Schon der ursprüngliche Name der 1566 erstmals erwähnten Stadt weist auf den Reichtum an Wald hin: Lasdehnen stammt vom litauischen *Lazdenai* ab und heißt Haselstrauch. Auch Krasnosnamensk ist umgeben von weiten Forstrevieren, in denen sich Wanderungen zu ganzen Tagestouren ausdehnen lassen. Übernachten können Sie in der Pension *Winsen* im Gebäude der früheren Apotheke, *8 Zi., kleines Café, uliza Kaliningradskaja 52, Tel./Fax 01164/211 45, €–€€.* Östliche Kost serviert man im Restaurant *Rus, uliza Sowjetskaja 34, tgl. 15–22 Uhr, €.*

Matrosowo (Gilge) **[112 C5]**

★ Das schönste und größte Dorf am Haff (450 Ew.) schmiegt sich an

Matrosowo (Gilge), ein Paradies für Angler am Gilgestrom

An die Ordensburg Ragnit erinnert eine mächtige Ruine

beide Ufer des gemächlich dahinfließenden Gilgestroms *(kanal Matrosowskij)* und bietet ein Bild wie aus der Zeit gefallen. Zwar ist die Kirche verschwunden, doch die alten Holzhäuser der Gilger Fischer stehen fast unverändert, manches umgibt ein Geflecht aus verwitterten Netzen und üppige Blumenpracht. Gleich hinter den Häusern beginnt die Wildnis. Gilge ist Ostpreußennostalgie pur. Und ein Anglerparadies.

Anfang der 1990er-Jahre zog Elena Ehrlich aus Kasachstan in das Dorf. Die beherzte Russlanddeutsche renovierte die Ruine des einstigen Prominentenhotels Adomeit und eröffnete 1994 eine gemütliche *Pension (8 Zi., Tel./Fax 01158/233 27, www.swena.koenig.ru, im Winter geschl., €€)*. Zum Hotel Ehrlich gehören ein kleiner Laden, eine eigene Landwirtschaft sowie das weit und breit einzige Restaurant *(€€)*, in dem die evangelischen Christen des Dorfs ihre Gottesdienste feiern. Elena Ehrlich organisiert auch Bootsfahrten in die Wasserwelt des Moosbruchs.

Gilge liegt etwa 70 km von Sowjetsk entfernt. Schon die Anreise ist ein Erlebnis. Eine schmale Asphaltstraße führt von Polessk (Labiau) aus 25 km abenteuerlich nah am Großen Friedrichsgraben entlang. In Golowkino (Nemonien) ist eine Pontonbrücke zu überqueren, die letzten drei kopfsteingepflasterten Kilometer erlauben höchstens Schritttempo.

Neman (Ragnit) [110 C1]

Noch in seinem Untergang flößt das mächtige Gemäuer der Komtursburg Respekt ein. 1409 vom Deutschen Orden auf dem südlichen Hochufer der Memel emporgestemmt, um die Angriffe der Litauer abzuwehren, galt Ragnit neben der Marienburg als stärkste Festung. 1829 brannte sie aus. Übrig blieb eine imposante Ruine mit steil aufragendem Uhrenturm. Das schönste am 15 m hohen Schlossberg ist seine Aussicht. Weit geht der Blick über das waldige Memeltal. Ragnit, 12 km östlich von Sowjetsk gelegen und heute wie der Fluss Neman genannt, hat den großen Sprung nie geschafft. Erst 1722 erhielt die kleine Schwester Tilsits Stadtrecht. In der heute beschaulich provinziellen Stadt (14 000 Ew.) blieben viele historische Gebäude erhalten, nach und nach renoviert man sie nun. Gäste sind willkommen: Im *Haus der Begegnung* stellt man individuelle Reiseprogramme zusammen, organisiert Picknicks und vermittelt Dolmetscher. Schön ist der Mühlenteich mit seinem Erholungspark, den die heutigen Einwohner *Ragniter* nennen. Übernachten können Sie im einstigen Deutschen Haus, jetzt Hotel *Salve, 22 Zi., uliza Sowjetskaja 2, Tel. 01162/232 37, €,* sehr schlicht, aber günstig, oder im *Haus der Begegnung, Irina und Rafael Franguljan, uliza Lomonossowa 12, Tel./Fax 01162/226 27, rafael@baltnet.ru, €.* Die lokale Küche testet man im Restaurant *Neman, uliza Pobedy 54, Tel. 01162/237 40, €€.*

Nemanskoje (Trappen) **[111 D1]**

Insider Tipp

Im ehemaligen Pfarrhaus von Trappen (150 Ew.), 40 km östlich von Tilsit, hat der Geschichtslehrer Andrej Schischatschenko aus Ragnit schon in den 1970er-Jahren ein kleines, sehenswertes Museum angelegt. Jedes der acht Zimmer widmet sich einem Thema – der litauischen, der preußischen, der russischen Kultur, der Frühgeschichte, den Wäldern im Memeltal, der Geschichte der Schule. Galina Schawkunowa, die das *Heimatgeschichtliche Museum, Do 15–17, am ersten Sonntag des Monats 10–17 Uhr oder nach Vereinbarung, Tel. 01164/338 16 oder 338 55, Eintritt 0,50 Euro,* heute führt, kann so bildhaft und temperamentvoll vom Leben am Memelstrom einst und heute erzählen, dass sogar der Gebietsgouverneur schon nach Trappen kam, um ihr zuzuhören.

Wer das Museum besucht hat, schließt am besten einen Naturspaziergang an. Trappen ist umgeben von einem der schönsten Waldgebiete des Kaliningrader Gebiets, und die Lage am Hochufer der Memel belohnt Wanderer mit Weitsichten, eine schöner als die andere.

Pait **[112 C5]**

Insider Tipp

Garantien gibt es nicht, aber wer sich mit den Wildhütern des Internationalen Ökotourismuszentrums Pait 48 km nordwestlich von Tilsit auf Pirsch begibt, bekommt vielleicht einen Elch zu sehen – wobei die Chancen im zeitigen Frühjahr und Herbst am größten sind. Vom früheren Jagdhaus Kaiser Wilhelms aus bieten die russischen Biologen auch Exkursionen für Vogelkundler und Botaniker sowie Bibertouren mit dem Boot an. Sie kennen sich bestens aus im Tawellinger Forst, der als Teil des legendären ostpreußischen Elchwalds heute unter strengem Naturschutz steht. Im renovierten Forstverwalterhaus gibt es ein kleines Museum. Verschiedene Tourenprogramme, für Gruppen Anmeldung nötig. Sie können in Pait auch übernachten *(6 Zi., eigene Küche, Tel. 0112/45 29 60, Fax 46 39 80, €€, www.jagdhaus-pait.com).* Kontakt in Deutschland c/o *Jürgen Leiste, Tel. 030/241 52 60, leiste@jagdhaus-pait.com.*

Slawsk (Heinrichswalde) **[110 B1]**

Zum Stadtrecht hat es nie gereicht. Größtes Dorf Deutschlands musste sich der 22 km südwestlich von Sowjetsk gelegene Marktflecken einst spöttisch betiteln lassen – und selbst als Heinrichswalde 1918 zum Landratssitz des Kreises Elchniederung aufstieg, änderte das am ländlichen Charakter nichts. Das heutige Slawsk (3500 Ew.) wirkt wie eine arg heruntergekommene, aber alles in allem fast deckungsgleiche Kopie von Heinrichswalde. Nahezu alle Gebäude aus deutscher Zeit sind erhalten. Auch das »Salz- und Schwefelhaltige Frei-, Sonnen- und Liegebad« existiert noch – und ist sogar wieder in Betrieb: Der Bürgermeister träumt von einem Anschluss an die Zeit, als Heinrichswalde zum »klimatischen Kurort« aufstieg. Slawsk empfiehlt sich wie kaum ein zweiter Ort für Ausflüge in die Niederung. Doch aller touristischer Anfang ist schwer. Das äußerst schlichte Stadthotel ist nur sehr anspruchslosen Geistern zuzumuten. Gemütlicher ist es in der *Pension von Tatjana und Eugen Botscharow, 4 Zi., pereulok Parkowyj 5, Tel. 01163/324 63,* €. Einfach und gut, auf den Tisch kommt Gemüse aus dem eigenen Garten. Das gastfreundliche russische Ehepaar bietet auch Fahrräder, Angelausrüstung und sogar einen bewachten Parkplatz an: Den Hof bewacht ein großer Zottelhund.

Sosnowka (Groß Baum) [110 A3]
Das Dorf Sosnowka (300 Ew.) 50 km südwestlich von Sowjetsk, einst ein florierender Marktflecken, hat heute nicht mehr viel zu bieten. Doch Naturfreunde, die einen Ausgangspunkt für Exkursionen in den weiten, bis fast an das Haff reichenden Sternberger Forst oder die südlichen Areale des Moosbruchs suchen, finden hier eine Unterkunft. Die ehemalige Revierförsterei wurde mit deutscher Hilfe renoviert und zu einer rustikalen Hotelanlage mit Restaurant, Bar, Sauna und Schwimmbar ausgebaut. *Forsthaus II, 16 Zi., Tel. 01158/232 47, Fax 232 30, www.ideal-reisen-hannover.de,* €€

Dorfladen in Sosnowka (Groß Baum): Den neuesten Klatsch gibts gratis

Wunderwelt der Wanderdünen

Vom »Sotschi des Nordens«, verblichener Seebadnoblesse und einem bezaubernden Küstenlandstrich

Seit über 100 Jahren gehören Rauschen und Cranz zu den beliebtesten Badeorten an der Ostseeküste. Daran hat sich nicht viel geändert, nur dass Swetlogorsk und Selenogradsk, wie die Seebäder heute heißen, ihre Rollen tauschten: Galt das kühle Rauschen einst als Nummer zwei der Samlandbäder, hat sich das heutige Swetlogorsk zum populärsten und zweifellos auch schönsten Ort im ganzen Kaliningrader Gebiet entwickelt. Währenddessen erwacht das einst so mondäne Cranz gerade erst wieder aus dem sowjetischen Dornröschenschlaf. Von der Pracht der vornehmen Vorkriegshotels blieb in Selenogradsk kaum etwas erhalten. Noch immer freilich rollt hier die höchste Brandung der gesamten Ostsee an den Strand, und eine einzigartige, beeindruckende Küstenlandschaft beginnt vor der Haustür: die Kurische Nehrung. Selenogradsk ist damit ein geradezu idealer Ausgangspunkt für Ausflüge in die Wunderwelt der Wanderdünen.

Der Strand bei Swetlogorsk (Rauschen) liegt vor einer 60 m hohen Steilküste

Bernsteinfischer in der Brandung

KURSCHSKAJA KOSA (KURISCHE NEHRUNG)

[112 A–C 1–6] Wie ein riesiger Säbel, fast 100 km lang und im Schnitt weniger als 1 km schmal, schneidet sich die Landzunge durch die Ostsee, dabei das Meer vom Kurischen Haff trennend, einer Süßwasserlagune, dreimal so groß wie der Bodensee. Berüchtigt und gefürchtet war die Nehrung jahrhundertelang für ihre Wanderdünen, die höchsten Europas. Der Treibsand begrub ganze Dörfer unter sich. Die Begeisterung für diese einsame Welt und das harte Leben ihrer Bewohner, der kurischen Fischer, kam erst viel später, im 19. Jh., mit den Wissenschaftlern,

Fringilla: Ein Vogel wird beringt

den Künstlern – den ersten Touristen. Heute ist die Nehrung geteilt, ziemlich genau in der Mitte: Der nördliche Teil gehört zu Litauen *(Kuršių nerija)*, der südliche zu Russland. Wer einen Tagesausflug auf die litauische Hälfte der Nehrung unternehmen möchte, benötigt daher ein russisches Doppelvisum. Sonst droht auf der Rückreise ein böses Erwachen: Dann bleibt der Schlagbaum unten. Nur die Zugvögel können die Nehrung nun noch ungehindert passieren. Seit Jahrtausenden folgen riesige Schwärme dieser Leitlinie wie einem freiliegenden Längengrad, im Herbst bis zu 1 Mio. Vögel pro Tag.

SEHENSWERTES

Altdorfer Berg (Djuna Efa) [112 B4]

★ Kurz vor dem Abzweig nach Morskoje (Pilkoppen) führt ein Wanderweg von einem kleinen Parkplatz hinauf zum 60 m hohen Altdorfer Berg, einem der schönsten Punkte der Nehrung. Von zwei Aussichtsplattformen eröffnet sich ein grandioser Blick über ein 5 km langes Wanderdünenfeld, das Dorf Morskoje und den Skielwieth-Haken. Der Name Altdorfer Berg leitet sich vom 1283 erstmals erwähnten Dorf Alt-Pillkoppen ab, das hier samt Kirche und Friedhof unter dem Sand begraben liegt. Nördlich der Aussichtsplattform steigt der Berg noch weiter an, dicht mit Kiefern bewaldet. Dies ist Ephas Höhe, benannt zu Ehren des preußischen Düneninspektors Franz Epha, der die 63 m aufragende Wanderdüne 1805 besiegte – der Petschberg drohte Pillkoppen zum dritten Mal zu verschütten. Das von Epha entwickelte Verfahren, die Dünen mit Sandgras und Bergkiefern zu bepflanzen, setzte dem jahrhundertelangen Sandsturmhorror ein Ende.

Fringilla (Polewoj Stanzionar) [112 A5]

★ Die Feldstation der Vogelwarte, benannt nach der häufigsten beringten Singvogelgattung (lat. *fringilla* = Fink), ist ein Muss für jeden Nehrungsbesuch. In zwei riesigen Reusen, den größten wissenschaftlichen Vogelnetzen Europas, fangen die Ornithologen pro Jahr bis zu 100 000 Vögel, vom winzigen, nur 5 g wiegenden Wintergoldhähnchen bis zur seltenen Sumpfohreule. Jeder Vogel wird vermessen, gewogen und bekommt einen Reisepass in Form eines Aluminiumrings.

Die russischen Vogelkundler sind auf Besuch eingestellt. Doch der Besucheransturm schwoll in den letzten Jahren einfach zu sehr an, darum haben sie den Kiefernwald rings um ihre Station inzwischen mit einem Zaun umgeben. Nur Geduld: ein paar Minuten am Tor auf Einlass warten. *Zwischen Lesnoje und Rybatschij, gut ausgeschildert*

Morskoje (Pillkoppen) [112 B4]

Morskoje, Meerdorf (150 Ew.), der nördlichste Ort auf dem russischen Teil der Nehrung, wirkte bis vor kurzem mit seinen verwitterten Fischerhäusern, Sandwegen und üppig blühenden Vorgärten, als seien die Uhren vor 100 Jahren stehen geblieben. Doch der Bauboom hat begonnen, und er wird den Charakter des Orts in wenigen Jahren völlig verändern: Reiche Festlandsrussen, unter ihnen etliche Mitglieder der Regierung, pflanzen in Pillkoppen eine Villa neben die andere.

Poststraße [112 A5–6]

Die heutige Asphaltstraße verläuft entgegen weit verbreiteter Meinung völlig anders als die historische Poststraße, von der nur ein kurzes Teilstück erhalten blieb: der *Grüne Weg* zwischen Cranz und dem südlichsten Nehrungsdorf Lesnoje (Sarkau). Die Straße änderte mit der Zeit oft ihren Verlauf, und noch die Postreiter des 19. Jhs.

MARCO POLO Highlights »Ostseebäder/ Kurische Nehrung«

★ **Swetlogorsk (Rauschen)**
Hier kurten früher nur verdiente Genossen. Heute dürfen alle, und kaum ein Wunsch bleibt offen (Seite 79)

★ **Selenogradsk (Cranz)**
Das alte Cranz will zurück in die Zukunft und baut dabei auf seinen großen Namen (Seite 76)

★ **Fringilla (Polewoj Stanzionar)**
An den Netzreusen der Ornithologen kommt kein Zugvogel vorbei (Seite 73)

★ **Altdorfer Berg (Djuna Efa)**
Europas größte Wanderdünen (Seite 72)

★ **Nida (Nidden)**
Die Perle der Kurischen Nehrung (Seite 75)

mussten sich ihren Weg wegen des Treibsands immer wieder neu suchen. Die heutige Nehrungsstraße, in ihrem Verlauf um 1910 entstanden, führt durch sumpfige Erlenbrüche, Krüppelkieferhaine, Birkenwald. Nur eines gerät nicht in den Blick: die Wanderdünen. Um zur haffseits gelegenen Wüste am Meer zu gelangen, müssen Sie das Auto stehen lassen.

Rybatschij (Rossitten) [112 B4–5]
Das Dorf mit der Vogelwarte. Die Biologische Station Rybatschij steht ganz am Ende der Dorfstraße und hält das Andenken an ihre berühmte Vorgängerin lebendig, wie schon eine Tafel am Eingang zeigt: »1901 Vogelwarte Rossitten der Kaiser-Wilhelm-Gesellschaft« steht darauf. Johannes Thienemann, Pastor in Rossitten und leidenschaftlicher Ornithologe, hat die älteste Vogelwarte der Welt 1901 gegründet – mit dem Ziel, die Wege der Zugvögel zu erforschen. Für seine ersten Vogelringe schnitt Thienemann einen silbernen Kirchenteller in feine Streifen, was ihm gehörigen Ärger mit seinem Bischof einbrachte, aber bald die Geheimnisse des Vogelzugs zu lüften begann. Heute stehen eher zugökologische Aspekte im Mittelpunkt der Forschung, an der sich auch Ornithologen aus Deutschland beteiligen. Eine *Ausstellung (tgl. 9–18 Uhr)* informiert über die Geschichte der Vogelberingung auf der Nehrung.

Rybatschij, größtes Dorf auf der russischen Nehrungshälfte (800 Ew.), ist Zentrum eines Fischereibetriebs. Den Fischern geht es schlecht, der Hafen zerfällt. Von der verwitterten Steinmole haben Sie einen guten Ausblick hinüber zu den Dünen von Morskoje und Nida (Nidden). Die Kirche von 1873 ist nach gründlicher Renovierung heute Gotteshaus der orthodoxen Gemeinde. In dem kleinen Fischerhaus neben der Kirche wohnt eine freundliche Frau, bei der Sie frisch geräucherten Aal kaufen können. Insider Tipp

MUSEUM

Nehrungsmuseum Lesnoje (Musej Kurschskaja Kosa)
Warum man die Bewohner von Sarkau zu ostpreußischen Zeiten Krajebieter, Krähenbeißer, nannte, lassen Sie sich am besten hier erklären. Im einstigen Gästehaus der KPdSU ist eine Ausstellung untergebracht, die in Russisch und Deutsch über die Geschichte der Nehrung informiert. Das Äußere der einstigen Datscha mag etwas abschreckend wirken: Drinnen wird es interessant. Kurz hinter Lesnoje, gut ausgeschildert. *April–Okt. Mi–Sa 11–17 Uhr, Eintritt 1,10 Euro*

ESSEN & TRINKEN

U Dorogi Insider Tipp
Die kulinarische Krönung eines Nehrungsausflugs. Vorzügliche Fischgerichte, allein Hecht gibt es in einem Dutzend verschiedener Zubereitungsarten. *Uliza Pobedy, Rybatschij, Tel. 01150/212 96, kein Ruhetag,* €€–€€€

ÜBERNACHTEN

Djunyj
Das Feriendorf Dünen 6 km nördlich von Lesnoje ist die Lieblingsadresse vieler russischer Familien auf der Nehrung. Einfacher Stan-

Ännchen von Tharau auf demTheaterplatz in Klaïpeda (Memel)

dard, aber schön strandnah. Mit Restaurant, Disko, Bootsverleih und Sportanlagen. *478 Zi., Tel. 01150/482 80, Fax 482 17, €*

Dossug
Motel am Haffufer in Morskoje, Zweibettzimmer in neuen Ferienhäusern, Fahrrad- und Bootsverleih. *30 Zi., uliza Datschnaja 14, Tel. 01150/412 84, Fax 413 96, info@gas-gaz.lt, €€*

Insider Tipp **Kurschskaja Kosa**
Neues Hotel in Lesnoje, beste Unterkunft auf dem russischen Teil der Nehrung. Skandinavisch eingerichtet, Wechselstube im Haus. *14 Zi., uliza Zentralnaja 17, Tel./Fax 01150/482 42, €€*

ZIELE IN LITAUEN

Klaïpeda (Memel) [112 C1]
Das Wahrzeichen der drittgrößten Stadt Litauens (194 000 Ew.) steht am Theaterplatz: der Simon-Dach-Brunnen mit der Figur seines schönsten Lieds, dem »Ännchen von Tharau«. Bewundernswert auch die schmucke Neustadt mit ihren Jugendstilfassaden und dem neogotischen Hauptpostamt, dessen berühmtes Glockenspiel immer an den Wochenenden um 12 Uhr erklingt und besonders gut im Hof des Uhrenmuseums zu hören ist. Insider Tipp

Auskunft: *Touristikinformation, Tomo 2, Tel. 6/41 21 86, Fax 41 21 85, www.klaipeda.lt*

Nida (Nidden) [112 B3]
★ Das einstige Nidden (2200 Ew,), 3 km hinter der Grenze, ist zweifellos die Perle der Kurischen Nehrung, eine ganz auf Tourismus zugeschnittene Siedlung wie aus dem Hochglanzprospekt mit renovierten Fischerhäusern, einem Yachthafen, unzähligen Souvenirläden, Bernsteingalerie, vielen Restaurants von schlicht bis nobel und gemütlichen

Gartencafés. Sehenswert sind besonders die neugotische Pfarrkirche, der alte Friedhof mit alten heidnischen Grabtafeln, den so genannten Kurenbrettern, das ethnografische Museum, der 29 m hohe Leuchtturm auf dem *Urbo kalnas* – und natürlich das Thomas-Mann-Haus auf dem Schwiegermutterberg mit dem berühmten Italienblick. Der Nobelpreisträger, fasziniert von der Nehrung, ließ sich dort ein hölzernes Sommerhaus bauen, in dem die Familie Mann von 1930 bis 1932 wohnte. Das Haus ist heute Gedenkmuseum und eine international renommierte Kulturstätte, in der alljährlich Mitte Juli das Thomas-Mann-Festival stattfindet *(Skrudynes 17, Juni–Aug. Di–So 10–18, Sept.–Mai Di–Sa 11–17 Uhr, Tel./Fax 59/522 60, www.thomas-mann-festival.de).*

Auskunft: *Touristikinformation Agila, Taikos 4, Tel. 59/523 45, Fax 523 44, agila@is.lt*

SELENOGRADSK (CRANZ)

[112 A6] ★ Gäste, die zum ersten Mal nach Selenogradsk (11 000 Ew.) kommen, wissen nicht so recht, was sie von den vielen halb fertigen Gebäuden halten sollen: Sind das nun Ruinen oder Baustellen? Die Antwort: von beidem etwas. Das schroffe Nebeneinander von Zerfall und Aufbau ist bezeichnend für den ältesten Kurort der Samlandküste, der nach langer Agonie seine Zukunft im Anschluss an eine große Vergangenheit sucht.

SEHENSWERTES

Kirche (Prawoslawnaja Zerkow)
Die 1897 erbaute Adalbertskirche prägt mit ihrem schlanken Turm die Silhouette der Altstadt. Der Sozialismus nutzte sie als Turnhalle. Seit

Über 50 m ragt die Parniddener Düne über Nida (Nidden) auf

Wanderdünen

Die »Schlafenden Riesen« auf der Kurischen Nehrung

Als man die dicht bewaldete Halbinsel im 16. Jh. großflächig abzuholzen begann, setzte der Wind den Sand in Bewegung. Bald gab es keine Rettung mehr: Der Treibsand fraß Wiesen, Acker und den restlichen Wald, begrub uralte Eichen unter sich, türmte sich zu 70 m hohen Massiven auf. Innerhalb weniger Stunden konnte ein Sturm ein Haus zur Hälfte verschütten, Postkutschen verschwanden auf Nimmerwiedersehen. Erst durch Bepflanzen mit Sandgras und Hakenkiefern gelang es, die Berge zu befestigen. In der Nachkriegszeit trieb man die Aufforstung so weit voran, dass die Gefahr gebannt ist. Dennoch: Missverstehen Sie das Wort Wanderdüne bitte nicht als Einladung zum Dünenwandern! Das ökologische Gleichgewicht der Dünenfelder ist hochsensibel: Jeder Schritt auf den Hängen lockert mehrere Tonnen Sand. Beim nächsten Sturm setzt der sich in Bewegung.

Ostern 2003 erfüllt die Kirche wieder ihren Zweck, nun der orthodoxen Gemeinde gehörend. *Uliza Moskowskaja 26*

Kurortprospekt (Kurortnyj Prospekt)

Dass die Stadtverwaltung einen Teil der zentralen *uliza Lenina* umbenannt hat, mag zeigen, wohin die Stadt strebt. Mit dem Namen ist es nicht getan, das wird bei einem Bummel über den für den Autoverkehr gesperrten Boulevard sichtbar: Vom alten Villenglanz blieben allenfalls Spuren, viele der einst weißen, nun nach russischer Manier bunt gestrichenen Fassaden wirken heruntergekommen. Doch auch hier: Überall beginnen Bauarbeiten und Restaurierungen. Auf dem neu gepflasterten Platz am Postamt steht sogar wieder eine öffentliche Standuhr – wie einst in Cranz.

Promenade (Morskoj Promenad)

Die erste Cranzer Strandpromenade war aus Holz, 900 m lang und entstand schon um 1850. Sie wurde 1970 weggerissen und durch eine auf 2 km verlängerte, breite Betonpiste ersetzt. Der Koloss gilt inzwischen an mehreren Stellen als einsturzgefährdet, weil die See ungehindert gegen die Pfeiler anstürmen kann – Folge vernachlässigten Küstenschutzes. Bedrohlich über die Promenade hinaus ragt die graue Ruine des in den 1970er-Jahren erbauten Restaurants *Priboij* (Brandung). Doch die Zeichen des Aufbruchs sind unübersehbar. Derzeit lässt der Moskauer Megakonzern Gasprom an der Promenade ein großes Luxushotel bauen, und auch am westlichen Ende der Lieblingsflaniermeile aller Einheimischen entstehen Pensionen, Cafés und Restaurants.

Prächtige alte Bädervillen auf dem Kurortprospekt von Selenogradsk

ESSEN & TRINKEN ÜBERNACHTEN

Baltijskaja Korona
Bestes Hotel der Stadt, strandnah, Sauna, Fahrradverleih, Exkursionen. Restaurant *(kein Ruhetag)* mit Bar, europäische und russische Gerichte. Am besten schmeckt der Fisch: Probieren Sie mal Zander mit Sesamkruste! Deutsche Speisekarte. *24 Zi., uliza Wolodarskowo 8, Tel. 01150/324 90, Fax 312 68, baltcrwn@baltnet.ru,* €€

Captain Flint
Schräge Kneipe im Piratenlook. Freundliche junge Kellnerinnen servieren deftige russische Kost. *Kurortnyj prospekt 77, Tel. 01150/310 34, kein Ruhetag,* € – €€

Neringa
Frisch renovierte Pension im Westend, zehn Minuten vom Stadtzentrum. *27 Zi., uliza Lenina 27, Tel./Fax 0112/46 84 73,* €

Westend
Kleine, modern ausgestattete Ferienwohnung im grünen Westend. Fahrräder, Grillplatz, großer Garten, nah am Strand. Incoming-Service von individuellen touristischen Programmen bis zur Begleitung von Reisegruppen. *3 Zi., uliza Browzewa 9, Tel./Fax 01150/317 92, cranzwestend@mail.ru,* €€

STRÄNDE

Mangelnder Küstenschutz hat den legendären Cranzer Strand in den letzten Jahren direkt vor der Promenade zum Teil bis an die Steinpackungen weggespült. Doch rechts und links der Betonpiste, vor allem in Richtung Nehrung, gibt es nach wie vor wunderbar feinsandige, breite Strände. Vorsicht bei starkem Westwind: Die Brandung hier gilt als die höchste an der gesamten Ostsee, und die Wellen entwickeln kräftige Querströmungen. An der Promenade wachen Rettungsschwimmer darüber, dass niemand den von roten Bojen markierten Badebereich verlässt.

AUSKUNFT

Das örtliche Tourismusbüro finden Sie in einer alten Sommervilla nahe dem Wasserturm. Zimmervermittlung, auch Informationen zur Kurischen Nehrung. *Uliza Moskowskaja 34, Mai–Sept. tgl. 9–17 Uhr, Tel. 01150/310 94, Fax 315 33*

SWETLOGORSK (RAUSCHEN)

[108 B2] ★ Swetlogorsk (10 000 Ew.) hat Flair, unverwechselbar, entspannend, erholsam. Bunte hölzerne Vorkriegsvillen, Sanatorien und Pensionen, geschmackvolle Restaurants und Grünanlagen prägen das parkartige Zentrum des Kurorts vor allem links und rechts der *Oktjabrskaja,* der Hauptstraße aller Swetlogorsker Bummelmeilen. Dazu die Ostseeluft, die von der Steilküste heraufweht. Eine Brise wie aus Samt. Mediziner sagen, das liege am hohen Jodgehalt der Luft. Dass das einstige Rauschen die Sowjetzeit so gut überstand, hat seinen Grund: Partei und Militärs erkoren sich Swetlogorsk zum Erholungsort, als »Sotschi des Nordens« war der Ort in der ganzen Sowjetunion bekannt. Eine Kur dort galt als Auszeichnung. Heute kommen 80 000 Besucher pro Jahr, Zehntausende Tagesgäste an heißen Sommerwochenenden nicht mitgezählt. 40 Hotels und Pensionen werben um Kundschaft, es kommen ständig neue Herbergen hinzu, von schlicht bis supernobel.

Wer von Rauschen als Ferienort spricht, meint meist Rauschen-Düne, heute Swetlogorsk II. Dort gibt es kaum noch normale Wohnhäuser, die Einheimischen leben fast ausschließlich in Swetlogorsk I, dem tristen Stadtteil Rauschen-Ort.

SEHENSWERTES

Kurpark (Park Kurortnyj)

Neben dem Warmbad erstreckt sich der Kur- oder Lärchenpark, in dem unter anderem die »Wasserträgerin« steht, eine berühmte Skulptur des Rauschener Bildhauers Heinrich Brachert. Die filigrane Marmorplastik entstand 1940 als Brunnenfigur. *Uliza Oktjabrskaja*

Lift

Der 1971 erbaute Fahrstuhlturm mitten auf der Promenade ist alles andere als eine Schönheit, doch er hat auch sein Gutes: die Aussicht (Insider Tipp) von der Galerie. Einen schöneren Panoramablick auf die Rauschener Samlandküste gibt es nicht.

Mühlenteich (Osera Tichoje)

Der Mühlenteich ist ein Werk des Deutschen Ordens. Die Ritter stauten im 14. Jh. den Katzbach an und betrieben hier die größte Mühle des Samlands. Die Mühle ist nicht erhalten, nur die 400 Jahre alten Linden am Ostufer stehen noch. Heute ist der stille See ein beliebtes Erholungsziel. Am Nordufer gibt es eine breite Promenade. Wandertipp: Wandern Sie zum Südufer des

Auf der Promenade in Swetlogorsk (Rauschen) wird Bernstein verkauft

Teichs. Dort, wo die Katzgründe beginnen und einst die Pruzzensiedlung *Rusemotor* lag, breitet sich heute ein schattiger Waldpark aus. *Kaliningradskij prospekt*

Promenade (Morskoj Promenad)

Die etwa 1,5 km lange Promenade gleicht im Sommer einer dicht bevölkerten Mischung aus Basar, Biergarten und Touristenmeile. Nirgends im Kaliningrader Gebiet ist Insider Tipp das Angebot an Bernstein reicher als hier. Happige Preise, doch manchmal wirkt der Konkurrenzdruck Wunder. Unbedingt verhandeln! Der Strand vor der Promenade ist meist hoffnungslos überfüllt.

Insider Tipp **Seilbahn (Kanatnaja Doroga)**

Viele Wege führen die 60 m hohe Steilküste hinunter, der originellste und ein Spaß vor allem für Kinder ist die Seilbahn *(kanatnaja doroga)* am westlichen Ende der Promenade. In 18 blauen, gelben und roten Gondeln gehts beschaulich auf- oder abwärts. Eine Drahtseilbahn gab es in Rauschen schon vor dem Krieg. Sie befand sich dort, wo heute der Lift steht. *Mai–Okt. tgl. 10–21.45 Uhr, 0,30 Euro*

Wasserturm (Wodanapornaja Baschnja)

Der 25 m hohe, von wildem Wein umrankte Wasserturm, Teil eines Warmbads, darf auf keinem Urlaubsfoto aus Swetlogorsk fehlen. Das Wahrzeichen des Orts gehört dem Militärsanatorium, das seine in ganz Russland bekannten Heilbäder und Massagen auch zahlenden Gästen feilbietet. *Uliza Oktjabrskaja 1*

MUSEUM

Brachert-Museum Otradnoje (Dom-Musej Bracherta)

Der bekannteste Bildhauer Ostpreußens, Hermann Brachert (1890–1972), lebte in Georgenswalde, dem jetzigen Otradnoje, 2 km westlich von Swetlogorsk. Sein Wohnhaus an der Steilküste ist heute ein informatives Museum. *Uliza Tokarewa 7, Di–So 11–17 Uhr, Eintritt 1 Euro*

ESSEN & TRINKEN

Chromaya Loschadj
Origineller Laden mit mexikanischer Küche. *Uliza Oktjabrskaja 23, Tel. 01153/333 52, kein Ruhetag,* €€

Italy Bar
Filiale des erfolgreichsten Kaliningrader Italieners. Junges Personal und Publikum, gute Pizzakarte, zentral. *Uliza Oktjabrskaja 43, Tel. 0112/43 07 53, kein Ruhetag,* €€

Korwet
Hier tafeln die neuen Russen. Sehr gutes Restaurant mit eigener Konditorei. *Uliza Oktjabrskaja 36, Nähe Serpentine und Lift, Tel. 01153/361 76, kein Ruhetag,* €€–€€€

Seestern
Solides russlanddeutsches Lokal auf der Strandpromenade, beliebt bei Reisegruppen aus Deutschland. *Prospekt Morskoj, Tel. 01153/333 83, kein Ruhetag,* €€–€€€

ÜBERNACHTEN

Rauschen
Teil eines Sanatoriumskomplexes, protziger Sowjetbarock, aber komplett modernisierte Balkonzimmer mit Drei-Sterne-Standard, Wechselstube im Haus, Fahrradverleih, hoteleigener Strand. *48 Zi., Kaliningradskij prospekt 70 b, Tel. 01153/362 84, Fax 215 64,* €€

Russ
Luxuriöses Vier-Sterne-Hotel mit Nachtclub, Kasino, Wellness, Tennisanlage. *39 Zi., uliza Wereschtschagina 10, Tel. 01153/337 05, Fax 0112/74 35 09, rus_hotel@tis-dialog.ru,* €€€

Staryj Doktor
Hotel (Zum Alten Doktor) in einer restaurierten Villa am Lärchenpark, rustikal, gemütlich. Zum Haus gehört die stilvolle *Cafébar Mozart.* Insider Tipp *23 Zi., uliza Gagarina 12, Tel./Fax 01153/213 62, www.alter-doctor.ru,* €€

Wolna
Betonburg, aber preiswerte Zimmer, viele mit Meeresblick, strandnah. Kasino. *120 Zi., Kaliningradskij prospekt 68 b, Tel. 01153/224 64, Fax 0112/46 83 17, otel-volna@rambler.ru,* €–€€

STRÄNDE

Der Strand ist schmaler und etwas steiniger als bei Cranz; an heißen Sommertagen finden Sie hier kaum einen freien Platz. Tipp: Genießen Sie das Baden am Morgen! Dann ist es noch nicht so voll, und Sie haben die Sonne für sich. Die verschwindet nachmittags nämlich bald hinter der Steilküste, und dann wirds am Strand von Rauschen kühl.

AM ABEND

Disko Colosseo Insider Tipp
Nobel, modern, vielleicht etwas arg pompös ausgestattet. Treff der Reichen und Schönen. *Am Bahnhof Swetlogorsk II, uliza Kaliningradskaja 68, tgl. 21–6 Uhr, Eintritt 6–8 Euro*

Ordensburgen und die Wüste am Meer

Die Touren sind in der Karte auf dem hinteren Umschlag und im Reiseatlas ab Seite 108 grün markiert

1 VON CRANZ AUF DIE KURISCHE NEHRUNG

Diese ungefähr 50 km lange Tour eröffnet die schönsten Seiten dieser einzigartigen Küstenlandschaft auf der russischen Seite, wobei eine Fortsetzung im nördlichen, litauischen Teil ohne Weiteres möglich ist. Die Kurische Nehrung hat ihr eigenes Zeitmaß. Sie will erwandert sein. Nehmen Sie sich daher zwei Tage, um die »Wüste am Meer« intensiv zu erleben. Übernachtungsmöglichkeiten gibt es zur Genüge.

Die Nehrungsstraße A 191 zweigt am Ortseingang von *Selenogradsk (S. 76)* hinter der Tankstelle rechts ab. Stellen Sie dort den Tageskilometerzähler auf Null. Das erleichtert die Orientierung auf der Nehrung, die Kilometerangaben im Folgenden beziehen sich auf diesen Nullpunkt.

Bevor Sie Russlands ältesten Nationalpark *Gossudarstwennyj Prirodnyj Nationalnyj Park Kurschskaja Kosa,* seit 1987 unter Schutz, mit dem Auto befahren können, heißt es bezahlen: An Kilometer 3,8 versperrt der Schlagbaum des Kontrollpostens die Straße. Die Gebühren sind happig: PKW plus Fahrer 20 Euro, jede weitere Person 7 Euro. Mit dem hohen Eintrittsgeld wollen die Nationalparkhüter den rasant anschwellenden Fahrzeugverkehr auf der Nehrung eindämmen, deren sensibles ökologisches Gleichgewicht schützen. Am Kontrollposten informiert eine große Schautafel über Flora und Fauna der Nehrung. Sie bekommen auch ein kleines Faltblatt mit den strengen Verhaltensregeln mit auf den Weg.

Interessiert es Sie, wie die Nehrung ausgesehen haben mag, bevor die katastrophalen Kahlschläge im 16. Jh. den Treibsand in Gang setzten? Dann achten Sie bald nach dem Schlagbaum auf das Schild »Königswald«. Dieser prächtige Baumbestand war nie von den Wanderdünen bedroht und geht direkt auf den ursprünglichen Nehrungswald zurück. Etwa bei Kilometer 6,5 beginnt rechts ein 800 m langer Naturlehrpfad zum einstigen Forsthaus Grenz. Er führt durch ein Reich botanischer Raritäten: Die im

Insider Tipp

Auf der nach Franz Epha benannten Düne

19. Jh. hier gepflanzten Lebensbäume und japanischen Lärchen sind zu Riesenexemplaren aufgewachsen. Von der Försterei existieren noch die Fundamente, eine Infotafel erzählt die Geschichte dieses stillen Orts. Am Haffufer steht eine Aussichtsplattform, auf der besonders Ornithologen auf ihre Kosten kommen, denn das sumpfige Röhricht ist ein Paradies für Flussseeschwalben, Rohrdommeln und unzählige Graureiher.

Drei Orte gibt es auf dem russischen Teil der Nehrung: *Lesnoje, Rybatschij* und *Morskoje,* zu deutsch Walddorf, Fischdorf, Meerdorf. Als erstes erreichen Sie bei Kilometer 10,5 Lesnoje, das alte Sarkau, dem die Dünen nie auf den Pelz gerückt sind. Der Sand liegt noch da, wo er hingehört – am wunderbaren Strand, der hier immer in der Nähe ist: Im tief liegenden *Kaalland* nördlich von Sarkau, etwa zwischen Kilometer 13 und 15, ist die Nehrung am schmalsten, nach jüngsten Vermessungen gerade 350 m breit. In der Nacht zum 19. Januar 1983 brach die orkangepeitschte Ostsee hier kilometerbreit durch die Vordüne und überflutete die Nehrung. Wochenlang kämpften Pioniere der Sowjetarmee, um den Riss wieder zu schließen. Die Straße verläuft hier seither deutlich sichtbar als hoher Damm. Bei Kilometer 15 empfiehlt sich ein Besuch des *Nehrungsmuseums (S. 74).* Vom Schiffsanleger am Haff starten wieder Ausflugsfahrten. Fragen Sie im Museum nach.

Insider Tipp

Zwischen Lesnoje und Rybatschij schneidet sich die Asphaltstraße durch ein Mosaik verschiedenster Nehrungswaldfamilien: Krüppelkieferhaine, urwaldhafte Erlenbrüche, knorrige Traubeneichen und Birkenmischwälder wechseln einander ab. Bei Kilometer 19 passieren Sie das erste Geisterdorf: Hier lag *Alt Lattenwalde,* das 1749 versandete und spurlos verschwand. Rechts der Straße, unsichtbar hinter dem Kiefernwald, beginnt das südlichste Dünenfeld der Nehrung, es erstreckt sich bis Rybatschij. Die stillen, nackten Sandberge wirken wie etwas Übersinnliches, Magisches. »Eine goldfarbene Öde, in der die reinen Formen wohnen, die unkorrigierte Spiegelschrift des Windes in der Landschaft«, fabulierte einst Heimatdichter Konrad Heiden. Und der Königsberger Reisejournalist Louis Passarge fragte sich 1873: »Ist das eine sterbende oder eine erst entstehende Welt?«

Den geologisch ältesten Teil dieser erst vor rund 8000 Jahren entstandenen Landnadel erreichen Sie bei *Rybatschij (S. 74).* Hier lag, beginnend an den Korallenbergen (Kilometer 29), eine jener lehmigen Ostseeinseln, an die Wind und Strömung den Sand antrugen und so die Nehrung formten. Empfehlenswert ist der ausgeschilderte Wanderweg auf die Bruchberge, heute *Gora Krutaja,* bei Kilometer 32 links. Die Aussicht von Müllers Höhe (44 m) ist wunderbar. Das einstige *Rossitten* liegt rechts der Straße, den alten deutschen Kirchhof finden Sie links am *Weißen Berg,* etwa bei Kilometer 33,5. Einen Besuch wert ist der Friedhof vor allem wegen der liebevoll gepflegten Gräber von »Vogelpastor« Johannes Thienemann und Franz Epha, dem Bezwinger der Wanderdünen. Kurz hinter dem Weg zum Friedhof hat die Nationalparkverwaltung ihren Sitz.

Holzhaus bei Morskoje (Pillkoppen)

Zwischen Rybatschij und Morskoje ist, vor allem frühmorgens, die Wahrscheinlichkeit am größten, einen der etwa 30 auf der russischen Nehrungshälfte lebenden Elche zu erspähen. Die urigen Sumpfhirsche sind sehr scheu und leben zurückgezogen im Bruchwald. Am ehesten werden Sie die beeindruckende Fährte eines Elchs im Dünensand entdecken.

Bei Kilometer 42 gibt es einen großen Parkplatz. Dort beginnt der Aufstieg zum schönsten Punkt der Nehrung, dem *Altdorfer Berg (S. 72)* und der benachbarten *Ephas Höhe.* Auch bis zum breiten Ostseestrand sind es von hier aus nur 150 m. Allerdings ist dieser Punkt meist sehr überlaufen, denn jeder Veranstalter von Nehrungsreisen hat die Aussichtsplattform bei Pillkoppen im Programm. Steigen Sie abends zum Sonnenuntergang hinauf, dann haben Sie ein wunderbares Naturschauspiel (fast) für sich allein: Die Farbe der Dünen ändert sich im Licht der sinkenden Sonne von Minute zu Minute. Lohnend ist auch ein Abstecher nach *Morskoje (S. 73).* Oder fahren Sie noch ein Stück weiter, bis etwa zum Kilometer 45,5. Dort hat der WWF die ausgeschilderte Ökowanderroute Schwanensee angelegt, die in das urwüchsigste Dünenfeld der Nehrung führt. Der See liegt östlich der 55 m hohen Caspalege-Düne. Vorsichtig sollten Sie auf dieser Tour in nördlicher Richtung sein, um nicht vor lauter Faszination über die stille, bizarre Landschaft an die Grenze zu geraten. Die liegt nämlich nur 3 km entfernt.

2 VON KALININGRAD NACH HEILIGENBEIL

Die Tour ist eine Zeitreise in die Vergangenheit – in doppeltem Sinn. Hier, am Frischen Haff, begann mit dem Bau der ersten Ordensburgen die Geschichte Ostpreußens – und hier endete sie: Die Bilder der endlosen Flüchtlingsko-

lonnen wurden weltweit zum Symbol für den Untergang der jahrhundertealten Kulturlandschaft. Der Ausflug ist etwa 80 km lang und an einem Tag bequem zu schaffen.

Die Tour führt von der Gebietshauptstadt auf der neu ausgebauten A 194 nach Südwesten. Nach 20 km haben Sie den ersten Ort erreicht: *Uschakowo,* das frühere Brandenburg. Von der namensstiftenden Ordensburg blieben nur spärliche Reste erhalten. Markgraf Otto III. von Brandenburg ließ die massive Festung 1266 auf seinem dritten Kreuzzug gegen die Pruzzen anlegen. Im Schatten des Ritterkonvents wuchs aus einem mittelalterlichen Dorf ein stattlicher Marktflecken, der von Preußenkönig Friedrich Wilhelm I. beinahe zur Stadt erhoben worden wäre. Dazu kam es dann doch nicht. Auch die Brandenburg, nach und nach bedeutungslos geworden, verfiel nach 1750 zusehends, wurde zum Teil sogar abgerissen. Die Ruinen finden Sie gleich am Ortseingang rechts am Haffufer. Was selbst im Untergang noch wehrhaft wirkt, sind nur die Reste der Vorburg! Da lässt sich erahnen, wie mächtig der Brandenburger Komtur Günter von Hohenstein einst über dem Frischen Haff thronte. Der frühere Name stammt von dem Flüsschen Frisching, das unweit der Burg in das Haff mündet. Heute heißt der Fluss *Prochladnaja,* Sie überqueren ihn auf einer Bogenbrücke und sehen dann rechts auch schon den kleinen Fischerhafen von Uschakowo. Wo Ihnen, wenn nicht gerade Fangsaison ist, bestimmt einer der Fischer eine Insider Tipp Bootstour auf das Haff anbietet.

7 km weiter liegt Ludwigsort, heute *Laduschkin.* Kurz vor dem Bahnübergang wächst versteckt im Hof der Molkerei eine etwa 900 Jahre alte, riesige Eiche. Gleich hinter Laduschkin fällt rechts eine kunterbunte Siedlung neuer Einfamilienhäuser auf. *Swesdnoje,* genannt das Sternenstädtchen, entstand in den 1990er-Jahren mit Hilfe einer deutschen Stiftung als neue Heimat für russlanddeutsche Familien, die nach dem Zerfall der Sowjetunion aus Kasachstan vertrieben worden waren.

Etwa 5 km vor Mamonowo biegen Sie rechts eine schmale Straße ab, die durch ein imposantes Kerbtal und dichten Laubwald in Richtung Haff führt und nach 10 km in der Siedlung *Wesjoloje* endet. Das Dorf Balga, das hier einst lag, versank in den schweren Kämpfen Anfang 1945. Nur ein Mauerrest der Pfarrkirche aus dem 14. Jh. überdauerte. Russische und deutsche Jugendliche eines Volksbundcamps legten Ende der 1990er-Jahre in der Ruine eine Gedenkstätte an. Denn alles Land rings um Balga ist ein einziger großer Friedhof. Hier schloss die Rote Armee den Ring um Königsberg, gegen den erbitterten Widerstand der Wehrmacht, die nur noch kämpfte, um möglichst vielen Ostpreußen einen Fluchtweg über das zugefrorene Haff offen zu halten. Doch die endlosen Kolonnen blieben zwischen den Fronten stecken, 40 000 Menschen kamen in dem Kessel auf grausame Weise um. Bei Balga erlebte Ostpreußen sein Stalingrad.

Die Opfer finden keine Ruhe. Sommer für Sommer suchen organisierte Grabräuber nach den verscharrten Kriegstoten, um ihnen alles abzunehmen, was sich auf den einschlägigen Schwarzmärkten in

Die Eiche in Laduschkin ist einer der ältesten Bäume Mitteleuropas

Kaliningrad und im Ausland verkaufen lässt: Erkennungsmarken, Waffen, Hausrat. Die Plünderei begann schon zu sowjetischer Zeit. Bis weit in die 1970er-Jahre hinein waren die Haffwälder um Balga Sperrgebiet, munitionsverseucht und voller Kriegsgerümpel. Da rief der Jugendverband Komsomol seine Mitglieder zu Säuberungsaktionen auf. Bald machten die Sammler auf eigene Faust weiter ...

Aus Ostpreußens Frühgeschichte ragt der Name Balga klangvoll heraus: Hier gründeten die Ordensritter auf den Trümmern einer eroberten Pruzzenfeste 1239 eine ihrer ersten Burgen, einen Backsteinkoloss in Form eines unregelmäßigen Sechsecks. An dieses Prachtexemplar mittelalterlicher Ordensbaukunst erinnern heute noch Ruinen, mächtig und wildromantisch im Buchenwald gelegen. Balga ist ein Ort zum Innehalten. Genießen Sie von der 30 m hohen Halbinsel den Blick auf das Haff an diesem so denkwürdigen Ort europäischer Geschichte.

Zurück auf der A 194, erreichen Sie in wenigen Minuten *Mamonowo,* wie das 700 Jahre alte Heiligenbeil heute heißt. Die schweren Kämpfe des Heiligenbeiler Kessels Ende März 1945 ließen in der einst blühenden Stadt kaum einen Stein auf dem anderen. Zu dem, was übrig blieb, zählt der Bahnhof von 1888. Am Giebel des etwa zur gleichen Zeit erbauten Postamts prangt noch das preußische Posthorn. Auch das spätmittelalterliche St.-Georgs-Hospital, um 1900 im neugotischen Stil erweitert, steht noch. Sehenswert ist die im Frühsommer 2003 geweihte, erste gemeinsame russisch-weißrussische orthodoxe Kirche am Frischen Haff. Baumeister aus Minsk errichteten das Gotteshaus mit seinen vergoldeten Zwiebeltürmen in der Tradition altslawischen Holzbaustils.

SUNS

Stille Traumreviere für Surfer und Radwanderer

Der Outdoortourismus hat die Region Kaliningrad erst noch zu entdecken – bis dahin gilt: Unternehmen Sie etwas auf eigene Faust

Eigentlich sollte das Kaliningrader Gebiet ein Wassersportparadies sein. 140 km Küste – ein Segelrevier par excellence. Im Hinterland bieten das Kurische und das Frische Haff anspruchsvolle Bedingungen für Wasserwanderer, und die verschlungenen Flüsse im Memeldelta wären ein ideales Revier für Kanutouring mit Hang zur Wildnis. Diese große Nische hat der Kaliningrader Tourismus erst noch zu entdecken. Nirgends gibt es Stellen, an denen man sich Wassersportgeräte ausleihen kann, von professionellen Anbietern und Service wie Surfschulen ganz zu schweigen. Surfen, Kanu fahren, segeln: Sie können dies alles wunderbar tun im Kaliningrader Gebiet. Aber halt (noch) auf eigene Faust, ohne Service und Begleitung, eben ohne Netz und doppelten Boden. Wer das in Kauf nimmt und etwas Abenteuer wagt, wird Reviere erleben, wie sie in dieser ursprünglichen, wilden Schönheit kaum noch irgendwo an der Ostsee zu finden sind. Noch mag da mancher sein eigenes kleines Paradies für sich entdecken. Doch eines scheint sicher: Mit wachsender Touristenzahl wird auch das Angebot an Sport in freier Natur steigen.

Dieser Nachbau eines historischen Kurenkahns segelt in Nida (Nidden)

ANGELN

Angeln ist in Russland nicht einfach nur Hobby, sondern eine Leidenschaft, ein Männersport. Kein noch so kleiner Teich, an dem nicht mindestens ein Angler sitzt. Als besonders fischreich gelten vor allem die ungezählten Fließe zwischen Elchniederung und Moosbruch. Wenn im März die *Korjuschka,* eine beliebte, nach frischen Gurken schmeckende Heringsart (Stint), zum Laichen die Flüsse hinaufzieht, stehen Tausende Angler am Ufer. Im Wasser wimmelt es von Fischen, manche fangen die *Korjuschka* einfach mit einem in die Strömung gehaltenen Gummistiefel.

Wollen Sie sich unter die Petrijünger mischen, können Sie Ihre Ausrüstung getrost zu Hause lassen: Im angelverrückten Kaliningrad bekommen Sie alles zu kaufen, was Sie für einen guten Fischzug brauchen, am günstigsten auf dem Zentralmarkt. Zum Angeln benötigen Sie eine Genehmigung, die Ihnen die Fischereiinspektoren in Selenogradsk, Sowjetsk, Polessk oder Tschernjachowsk ausstellen. Der Oberaufseher über alle Angler sitzt in Kaliningrad: *uliza Kommunalnaja 6, Tel. 0112/21 83 41.* Oder in einem örtlichen Reisebüro nachfragen, dort kennt man sich aus.

KANU & KAJAK

Ausleihstationen gibt es (noch) nicht, aber die Traumreviere sind schon da: der *Pregolja* (Pregel) zwischen Kaliningrad und Insterburg, die muntere *Angrapa* (Angerapp), vor allem aber die Flüsse und Fließe im Großen Moosbruch. Hunderte Kilometer verschieden schwieriger Kanustrecken für wildnisliebende Wasserwanderer, die bereit sind, ihre Gefährte mit in den Urlaub zu nehmen. Ein idealer Startpunkt für Paddeltouren im Moosbruch oder auf dem Kurischen Haff ist das Hotel Ehrlich in Matrosowo (Gilge).

RADFAHREN

Das Fahrrad gilt in Kaliningrad noch eher als Verkehrsmittel armer Leute denn als umweltfreundliches und gesundes Sport- und Freizeitgerät. Dabei ist das Gebiet mit seinen sanften Steigungen und der waldreichen Natur wie geschaffen für ausgedehnte Radwanderungen. Nur, auch hier gilt, wie beim Wasserwandern: Infrastruktur fast gleich null. Individualisten wird das nicht stören, sie finden mit einer guten Karte überall hin und auch wieder zurück. Wählen Sie sich für Touren aber möglichst nicht die großen Fernstraßen aus: Autofahrer verhalten sich gegenüber Radlern im Allgemeinen ausgesprochen rücksichtslos. Empfehlenswerte Routen: die A 190 nach Polessk und von dort weiter am Friedrichsgraben entlang nach Gilge oder eine große Samlandfahrt von Selenogradsk über die Nebenstrecke nach Pionerskij, Swetlogorsk und Jantarnyj an die Bernsteinküste. Im Osten des Gebiets gibt es eine sehr anspruchsvolle und reizvolle Rundtour durchs Trakehnerland: von Gusew in südliche Richtung durch die hügelige Endmoränengegend nach Osjorsk, weiter an den Rand der Rominter Heide nach Krasnolesje und von dort über Tschistyje Prudy und Jasnaja Poljana wieder zurück nach Gusew.

SEGELN

Der Gebietsgouverneur höchstselbst, Exadmiral und Yachtfan, will sich jetzt vor den Karren spannen, um dem Segelsport im Kaliningrader Gebiet zum Durchbruch zu verhelfen. Das wird auch Zeit: So ein Revier und kaum ein Boot, von Marinas für seegängige Yachten mit genügend Tiefgang und Service ganz zu schweigen. Auch Kaliningrads Segelsportler, die regelmäßig an internationalen Wettfahrten teilnehmen, hoffen schon lange auf den Bau des geplanten Yachthafens in Baltijsk. Wer in Kaliningrader Gewässern segeln will, sollte sich im Detail nach den Vorschriften im örtlichen *Yachtklub Ost-West, Pribreshnyj, Tel. 01127/46 63 11 oder 21 87 09,* erkundigen. Dort

Ausgeschilderte Wanderwege gibt es bislang nur auf der Nehrung

hilft man auch Segelfreunden, die mit ihrem Schiff von Deutschland aus einen Kaliningradtörn planen. Chartern kann man noch nicht, aber mitunter lässt sich eine Mitsegelgelegenheit vereinbaren.

SURFEN

Als Surfrevier harrt die Bernsteinküste noch ihrer Entdeckung. Brettsegler finden vor Cranz und der Kurischen Nehrung ideale Bedingungen: Die Brandung baut sich hier schon bei mäßigen Nordwestwindlagen so hoch und steil auf wie sonst nirgends an der Ostsee. Sein Sportgerät muss man sich (noch) selbst mitbringen.

WANDERN

Wie geschaffen sind die Naturlandschaften Kaliningrads für lange Wandertouren. Neben der Rominter Heide bietet sich vor allem der Nordosten um Krasnosnamensk an. Viele Waldwege und die schmalen, kaum befahrenen Straßen entlang der Memel lassen sich zu ganzen Tagestouren kombinieren. Aber denken Sie daran: Ausgeschilderte Wanderwege werden Sie ebenso wenig vorfinden wie gemütliche Gasthäuser. Machen Sie aus der Not eine Tugend: Wegzehrung in den Rucksack und Picknick am Waldrand. Plätze mit wunderbarer Aussicht gibt es zur Genüge.

Auch eine Küstentour von Swetlogorsk in Richtung Westen zur Wolfsschlucht wird ambitionierten Wanderern zum unvergesslichen Erlebnis, Sie sollten aber fünf bis sechs Stunden einplanen. Unterwegs reihen sich zahlreiche Schluchten, denen die Landschaftsromantiker im 19. Jh. klingende Namen verpassten: Wolfskessel, Blaue Rinne, Götterhain, Elisenhöh, Erster Gedanke, Augenweide und Fuchsschlucht.

Das Puppentheater freut sich auf Gäste

Mit modernen westlichen Freizeitangeboten kann das kinderfreundliche Kaliningrad noch nicht aufwarten

Im Umgang miteinander sind Russen oft nicht besonders feinfühlig, doch das ändert sich schlagartig, wenn es um Kinder geht. Kommen Sie mit Kindern nach Kaliningrad, sind Sie überall gern gesehen. Vergnügungsparks, Spaßbäder und ähnliche Erlebnisstätten kann die Region noch nicht bieten. Dafür einen wunderbaren Strand und auch jenseits des Badens manche Möglichkeit, kleinen Leuten die Reise zum Vergnügen werden zu lassen.

Park Kultury Kalinina [0]
Gleich hinter der Luisenkirche beginnt der Kulturpark Kalinin mit Riesenrad, Karussells und allerhand Buden. Besonders an Wochenenden ist hier immer was los. Ein eigenartiges Haus am Rand des Parks fällt auf, weil es wie eine sibirische Blockhütte aussieht. Es stand tatsächlich einmal mitten im Wald, aber nicht in Sibirien, sondern in der Rominter Heide. Ein sowjetischer General fand 1945 Gefallen an dem im norwegischen Stil errichteten Bau und nahm ihn als Wohnhaus mit nach Kaliningrad. *Uliza Parkowaja, tgl. 10–22 Uhr, Eintritt frei, Karussellfahrt etwa 0,20 Euro*

Streichelzoo im Kaliningrader Tiergarten. Die neugierigen Ziegen sind die Lieblinge der Kinder

Puppentheater (Teatr Kukol) [0]
Das Theater in der Luisenkirche ist in ganz Russland berühmt, und den Akteuren wurden für ihre Stücke schon viele internationale Preise verliehen. Das Spiel der Puppen verstehen Sie auch ohne Sprachkenntnis. Kaliningrader Kinder sind Stammgäste in dem Theater, das seit 1976 in der schönen neoromanischen Königin-Luise-Gedächtniskirche zu Hause ist. *Prospekt Pobedy/uliza Parkowaja, Mo–Fr 10–14 und 15–18, Sa/So 10–18 Uhr, Erwachsene und Kinder 1,10 Euro*

Tiergarten (Soopark) [U A1]
Elefanten, Seehunde, Löwen und Bären – insgesamt 2000 Tiere aus 410 Arten leben im ältesten Zoo Europas (eröffnet 1895). Ein Muss für die Kinder ist das Jungtiergehege. Der Zoo leidet unter Geldmangel, das ist nicht zu übersehen. Besucher (und Spenden) sind darum sehr willkommen. *Prospekt Mira, tgl. 9–19 Uhr (Kasse bis 18 Uhr), Erwachsene 1,10, Kinder 0,55 Euro*

Angesagt!

Was Sie wissen sollten über Trends, die Szene und Kuriositäten im Kaliningrader Gebiet

Kenig
In die Umgangssprache ist der alte Name Kaliningrads schon lange zurückgekehrt: Wie Leningrad für seine Bewohner selbst zu Sowjetzeiten Pieter hieß, sagen die Kaliningrader halt Kenig. Vor allem für die Jugend der Stadt ist Kenig Kult: Grafittikünstler sprühen den Namen in gotisierenden Riesenlettern und schrillen Motiven an Häuserwände, und Kaliningrads populärste Hip-Hop-Band nennt sich Kenig City Breakers.

Mobilnik
Ohne Handy geht gar nichts mehr: Mobiltelefone sind ein Statussymbol der jungen, selbstbewussten Kaliningrader. Die *Mobilniki,* natürlich in den neuesten Modellen und Trendfarben, werden fast überall mit hingenommen, sogar im Kino klingeln die Dinger ständig. Die beiden großen Netzanbieter, Extel-RUS und MTS, verdienen in Kaliningrad inzwischen viermal so viel wie die schwerfällige postsowjetische Festnetz-Telekom.

Test the Westwagen
Lieber einen zehn Jahre alten Audi als einen neuen Lada: In keiner anderen Stadt Russlands, nicht einmal in Moskau, sind so viele westliche Automodelle unterwegs wie in Kaliningrad. Moskwitsch, Wolga & Co. muss man mittlerweile regelrecht suchen. Besonders begehrt sind Marken made in Germany, allen voran die mit dem Stern. Weil die Ökosteuer auf den Sprit in Russland noch nicht erfunden ist und (Neu-)reiche Russen sprichwörtlich gern damit protzen, was sie sich alles leisten können, darf sich Kaliningrad der wohl höchsten S-Klassen-Dichte aller europäischen Städte rühmen. Möglich wird die automobile Regermanisierung durch Zollfreiheiten. Nach einem Porsche drehen sich in Kaliningrad nur noch Touristen um, und es passiert schon mal, dass sich Abiturientinnen am letzten Schultag in einer gemieteten weißen Cadillac-Limousine zur Schule chauffieren lassen – für 40 Euro pro Stunde ein erschwinglicher Spaß.

Von Anreise bis Zoll

Hier finden Sie kurz gefasst die wichtigsten Adressen und Informationen für Ihre Kaliningradreise

ANREISE

Auto

Von Polen aus über die Grenzübergänge Mamonowo, Bagrationowsk sowie Goldap, von Litauen aus über Nesterow, Sowjetsk oder die Kurische Nehrung. Die Grenze ist oft überfüllt, das Warten kann mehrere Stunden dauern. Günstigste Zeit zur Einreise ist erfahrungsgemäß frühmorgens/vormittags.

Bahn

Seit Dezember 2003 gibt es wieder eine direkte Bahnverbindung aus Deutschland. Der Zug verkehrt einmal täglich von Berlin-Lichtenberg (Abfahrt 21.43 Uhr, Ankunft Kaliningrad 14.33 Uhr Ortszeit), retour gehts von Kaliningrad um 17.15 Uhr, Ankunft Berlin-Lichtenberg 7.31 Uhr. Die einfache Fahrt (2. Klasse) kostet etwa 55 Euro plus Schlafwagenzuschlag. Auskunft: *Bahn-Informationsdienst, Tel. 088/150 07 90, www.bahn.de*

Bus

Zwischen Kaliningrad und Deutschland verkehren mehrmals pro Woche preisgünstige und schnelle Fernlinienbusse. Fahrzeit z. B. von Berlin 12 Std., von Stuttgart 21 Std. Linienverkehr zwischen Kaliningrad und 17 deutschen Großstädten (Berlin, Hannover, Leipzig, Köln, Osnabrück u. a.): *Reisedienst von Rahden, Heidkamp 49, 28790 Schwanewede, Tel. 04209/91 62 21, Fax 91 62 49,* in Kaliningrad: *Sputnik-Reisen, prospekt Mira 5–12, Tel. 0112/21 07 27*

Das Kaliningrader Unternehmen *Turne-Trans* steuert mit modernen Kleinbussen alle deutschen Regionen an und bietet einen individuellen Service von Haustür zu Haustür. Preise (Auswahl): Hamburg–Kaliningrad 90 Euro, Berlin–Kaliningrad 50 Euro Stuttgart–Kaliningrad 100 Euro. *Turne-Trans Kaliningrad, Tel./Fax 0112/51 61 38, ttur@mail.ru*

Fähren

Regelmäßige Direktverbindungen von und nach Kaliningrad sind erst im Aufbau. Überblick über alle aktuellen Fähren nach Klaïpeda/Litauen unter *www.baltikum24.de*

Flugzeug

Die polnische LOT bietet wochentäglich Flüge von Berlin, Hamburg, Düsseldorf, Frankfurt und München nach Kaliningrad über Warschau (Umsteigen/Übernachten) an. *Infos in Deutschland unter Tel. 0180/81 08 85, in Österreich Tel. 0810/81 08 85, in der Schweiz Tel. 01/211 53 90; LOT-Vertretung in Kaliningrad: Leninskij prospekt 5 a, Tel. 0112/34 27 07 www.lot.com*

Jeden Montag fliegt Air Tempelhof von Berlin nach Kaliningrad, Flugzeit etwa 1,5 Std. Ab Berlin 9.30 Uhr, zurück ab Kaliningrad 12 Uhr. *Tel. 030/786 40 85, Fax 785 32 03, www.airtempelhof.de*

AUSKUNFT

Russisches Fremdenverkehrsamt
Friedrichstraße 176–179, 10117 Berlin, Tel. 030/20 30 22 57, Fax 20 30 22 58, www.russlandinfo.de

AUTO

Höchstgeschwindigkeit außerorts 70 km/h, innerorts 60 km/h, lediglich auf der zum Teil als Autobahn ausgebauten Fernstraße von Kaliningrad in Richtung Osten sind 90 km/h erlaubt. Die Verkehrspolizei (DPS) kontrolliert sehr oft mit Radar, auch nachts. Die Strafen (sofortige Barzahlung) sind das eine, ärgerlicher noch ist der bürokratische Stress z. B. nach einem Führerscheinentzug. Bei Polizeikontrollen höflich und ruhig bleiben. Lichthupenwarnung vor Radarfallen ist sehr verbreitet. Verkehrsvorschriften: Gurtpflicht, 0,0 Promille, Handyverbot während der Fahrt. Wichtig: PKWs müssen in Russland einen Feuerlöscher an Bord haben. Ampeln: Grün blinkt kurz vor dem Umschalten auf Gelb, bei Gelb niemals mehr die Kreuzung befahren!

BANKEN & KREDITKARTEN

Die meisten Banken in Kaliningrad akzeptieren die üblichen Kredit- und ec-Karten. Geldautomaten *(Bankomat)* gibt es im Stadtzentrum am Hotel Kaliningrad und in der Außenhandelsbank *(Wneschtorgbank, uliza Bolnitschnaja)*.

DIPLOMATISCHE VERTRETUNGEN

Russische Botschaften

Unter den Linden 63–65, 10117 Berlin, Tel. 030/229 11 10, Fax 229 93 97, www.russische-botschaft.de;

Reisnerstraße 45–47, 1030 Wien, Tel. 01/712 12 29, Fax 712 33 88, www.austria.mid.ru;

Brunnadernstrasse 53, 3006 Bern, Tel. 031/352 05 67, Fax 352 64 60, www.home.datacomm.ch/rusbotschaft

Deutsche Botschaft

Uliza Mosfilmowskaja 56, 119285 Moskau, Tel 095/937 95 00, Fax 938 23 54, www.deutschebotschaft-moskau.ru

Österreichische Botschaft

Starokonjuschennyj pereulok 1, 119034 Moskau, Tel. 095/502 95 12, Fax 937 42 69, moskau-ob@bmaa.gv.at

Schweizerische Botschaft

Pereulok Stepani 2/5, 101000 Moskau, Tel. 095/258 38 30, Fax 200 17 28, www.eda.admin.ch/moscow

EINREISE

Für die Einreise nach Kaliningrad benötigen Sie ein Visum, das in den Reisepass eingeklebt wird. Die Visabestimmungen sind kompliziert, Details erfahren Sie in den russischen Konsulaten oder unter *www.vostok.de.* Wenn Sie sich das bürokratische Prozedere der Visabeschaffung ersparen wollen, beauftragen Sie am besten eine Visaagentur. Die besorgt – gegen Aufpreis – auch die amtliche Einladung. Bei der Einreise erhalten Sie neuerdings eine Migrations-Doppelkarte, deren erste Hälfte Sie gleich ausgefüllt bei der Passkontrolle abgeben müssen. Der zweite Abschnitt ist für die nach wie vor notwendige staatliche Registrierung/Anmeldung (erledigt Ihr Hotel oder Reisebüro) bestimmt, er wird bei der Ausreise abgegeben – unbedingt mit einem offiziellen Nachweis der gesamten Aufenthaltsdauer! Zuverlässige Visabeschaffung in Reisebüros oder über *Reise Service Russland, Taubenstraße 20, 10117 Berlin, Tel. 030/206 47 71, Fax 20 18 72 30, www.reiseservice-russland.de*

GESUNDHEIT

Die medizinische Versorgung liegt im Kaliningrader Gebiet noch deutlich unter dem westlichen Niveau. Medikamente für den eigenen Bedarf sollten Sie mitnehmen. Gängige Schmerzmittel etc. sind in Apotheken rezeptfrei zu bekommen. Lassen Sie vor Reiseantritt Ihren Impfschutz (z. B. Diphtherie) überprüfen. Sollten Sie viel in Wäldern wandern wollen, ist auch eine Zeckenschutzimpfung ratsam. Zahnärztliche Notbehandlung: *Tel. 0112/45 56 30,* Apothekenhotline *Tel. 0112/43 08 22,* 24-Stunden-Apotheke in Kaliningrad: *prospekt Mira 98*

INTERNET

Interessante Websites: *www.kaliningrad.info* (Stadtführer in Russisch und Deutsch), *www.inyourpocket.com/russia/kaliningrad/en/* (aktuelle Veranstaltungen aus dem bewährten »Kaliningrad In Your

€	Rubel	Rubel	€
1	37,17	10	0,27
2	74,34	20	0,54
3	111,52	25	0,67
4	148,69	30	0,81
5	185,86	40	1,08
7	260,20	50	1,35
8	297,37	70	1,88
9	334,55	80	2,15
10	371,72	90	2,42

Pocket«), *www.albertina.ru* (Uni-Homepage), *www.hkhamb-ahk-kaliningrad.com* (Wirtschaftsinfos aus erster Hand), *www.network-ecotourism.de* (Ökotouristische Projekte rund um die Kurische und die Frische Nehrung).

INTERNETCAFÉS

Internetcafés sind in Kaliningrad erst im Entstehen. Tipp: *Kiberda Internet Club, uliza Komsomolskaja 87, Tel. 0112/51 18 30, www.cyberda.net, tgl. 12–24 Uhr*

LITERATUR

Ulla Lachauer, »Die Brücke von Tilsit«: Begegnungen mit Preußens Osten und Russlands Westen; Marion Gräfin Dönhoff, »Kindheit in Ostpreußen«; Alexander von Normann, »Nördliches Ostpreußen«: Gegenwart und Erinnerung einer Kulturlandschaft (Bildband); Klaus Bednarz, »Fernes nahes Land«: Begegnungen in Ostpreußen

NOTRUFE

Miliz (Polizei) *Tel. 02,* Erste Hilfe *Tel. 03,* Feuerwehr *Tel. 01*

ÖFFENTLICHE VERKEHRSMITTEL

Kaliningrad hat ein dichtes Netz von Bus-, Straßenbahn- (10) und Trolleybuslinien (6), die von etwa 4 Uhr morgens bis nach Mitternacht verkehren, aber in den Stoßzeiten oft hoffnungslos überfüllt sind. Fahrscheine sind immer noch recht billig (etwa 25 Cent), die Tickets gibts beim Schaffner. Innerhalb des Gebiets verkehren viele zusätzliche Kleinbus-Linientaxis bis in kleinste Ortschaften. Der zentrale Busbahnhof *(Awtowoksal)* befindet sich neben dem Südbahnhof. Schneller erreichen Sie zumindest die größeren Städte meist mit dem Zug *(Elektritschka).*

POST

Ein Brief nach Deutschland kostet etwa 25 Cent Porto und ist zwei Wochen unterwegs – selbst wenn er als Luftpost frankiert ist. Hauptpostamt Kaliningrad: *uliza Leonowa 22, Mo–Fr 9–20, Sa/So 9–18 Uhr*

PREISE & WÄHRUNG

Der russische Rubel hat sich stabilisiert. Er ist in Kaliningrad in allen Geschäften die einzig gültige Währung, wenngleich die Preise für alles, was wertvoll ist, etwa Heimelektronik oder Markenjeans, oft in Dollar oder Euro ausgewiesen werden. Bezahlt wird zum jeweils aktuellen Wechselkurs, der in den Nachrichten der örtlichen Radiostationen zum Standard gehört. Wechselstuben gibt es in der City an jeder Ecke. Vergleichen lohnt sich, am schlechtesten ist der Kurs in den einschlägigen Touristenhotels.

Einkaufen lässt es sich in Kaliningrad von spottbillig bis sündhaft teuer – je nachdem, ob die Waren aus einheimischer oder westlicher Produktion stammen.

REISEZEIT

Die schönste Zeit für Reisen in das Kaliningrader Gebiet liegt zwischen Mai und September, aber auch der Herbst hält im Baltikum meist noch bis Mitte November goldene Tage bereit. Dann aber wird es grau und unwirtlich. Die Winter sind oft schneereich und sehr kalt.

SICHERHEIT

Kaliningrad ist so sicher wie westliche Städte auch, beachten sollten Sie die üblichen Vorsichtsmaßnahmen. Stellen Sie Ihr Auto möglichst auf einem bewachten Parkplatz ab, und lassen Sie nichts im Wagen liegen. Von der berüchtigten russischen Mafia werden Sie als Tourist nichts bemerken.

STROM

230 Volt, in den meisten Hotels passen die deutschen Stecker. Trotzdem empfiehlt es sich, einen Adapter mitzunehmen.

TAXI

Taxistände gibt es am Hotel Kaliningrad und am Südbahnhof, Berufstaxis haben eine Lizenz hinter der Windschutzscheibe. Fahrpreis unbedingt vorher aushandeln, Richtwert etwa 1,50 Euro pro Kilometer. Sie können Taxis auch für Tagesfahrten mieten (etwa 8–10 Euro pro Stunde). Wenn Sie sicher gehen wollen, mit einem offiziellen Taxi zu fahren, bestellen Sie es telefonisch, z. B. *Hallo-Taxi, Tel. 0112/35 94 44, Krona-Taxi, Tel. 0112/59 32 22, Express-Taxi, Tel. 0112/39 33 33*

TELEFON & HANDY

Aus Deutschland nach Russland wählen Sie die Ländervorwahl 007, dann die komplette Ortsvorwahl und die Rufnummer. Innerhalb des Gebiets zunächst die 8 wählen, auf das Freizeichen (Dauerton) warten, dann 2 und die letzten beiden Ziffern der Ortsvorwahl. Innerrussische Ortsvorwahl für Kaliningrad: 22. Ferngespräche nach Deutschland (etwa 1 Euro pro Minute): 8 – warten – 1049 (Schweiz 1041, Österreich 1043) – Ortsvorwahl ohne Null – Rufnummer.

Ausländische Handys funktionieren fast flächendeckend. Für Telefonate nach Deutschland +49

Was kostet wie viel?

Zugfahrt	**0,70 Euro** Kaliningrad–Selenogradsk, etwa 30 km
Imbiss	**2,50 Euro** im Schnellrestaurant
Bier	**0,70 Euro** für ein Glas (0,5 l)
Saft	**0,40 Euro** für ein Glas (0,5 l)
Benzin	**0,50 Euro** für einen Liter Super
Kaffee	**0,50 Euro** für die Tasse im Restaurant

vorwählen, dann Ortsvorwahl ohne Null und Rufnummer. Mit dem deutschen Handy von Kaliningrad aus ins russische Festnetz: +7, dann Ortsvorwahl (mit Null) und Rufnummer. Gebühren hoch (bis 4 Euro pro Minute)!

ZEIT

Die Kaliningrader Zeit ist der Mitteleuropäischen Zeit (MEZ) um eine Stunde voraus. Die Sommerzeit beginnt und endet wie in Deutschland.

ZEITUNG

Die sehr lesenswerte deutschsprachige Monatszeitung »Königsberger Express«, *www.koenigsberger-express.com,* liefert News aus Politik, Wirtschaft und Kultur.

ZOLL

Die Regelungen über die Ein- und Ausfuhr von Waren ändern sich ständig, erfragen Sie Details bitte in den Botschaften. Bei der Einreise ist eine Deklaration auszufüllen, in die Sie vor allem die Valuta (unbegrenzt einführbar) eintragen sollten. Die Ein- und Ausfuhr von Rubel ist verboten. Bei der Einreise mit dem eigenen PKW erhalten Sie zusätzlich eine Einfuhrerlaubnis, diese Bescheinigung unbedingt aufbewahren, sie ist bei der Ausreise wieder abzugeben. Bei Verlust droht ein Heidenärger. Ikonen und Kunstgegenstände, Pelze und Edelsteine dürfen nicht ausgeführt werden. Beschränkungen gelten auch für Kaviar (maximal je 250 g roten und schwarzen) und Wodka (1 l pro Person).

Wetter in Kaliningrad

	Jan.	Feb.	März	April	Mai	Juni	Juli	Aug.	Sept.	Okt.	Nov.	Dez.
Tagestemperaturen in °C	–1	–1	2	6	11	15	18	18	14	9	4	1
Nachttemperaturen in °C	–3	–3	–1	3	7	11	14	14	11	7	2	–1
Sonnenschein Std./Tag	1	2	4	5	7	10	7	7	5	3	1	1
Niederschlag Tage/Monat	9	8	7	8	8	8	10	11	9	9	8	9
Wassertemperaturen in °C	1	1	2	5	10	15	17	18	16	12	7	3

Ты говоришь по-русски?

»Sprichst du Russisch?«
Dieser Sprachführer hilft Ihnen, die wichtigsten Wörter und Sätze auf Russisch zu sagen

Zur Erleichterung der Aussprache sind alle russischen Wörter mit einer einfachen Aussprache (in der mittleren Spalte) versehen. Die betonte Silbe ist im Russischen und in der Aussprache immer durch ein Akzentzeichen ' markiert. Der Buchstabe »y«in der Aussprache wird wie ein »u« ausgesprochen, wobei die Lippen nicht gerundet, sondern wie beim »i« gespannt werden.

AUF EINEN BLICK

Ja./Nein.	da./njet.	Да./Нет.
Bitte.	paschálsta.	Пожáлуйста.
Danke.	spassíba.	Спаси́бо.
Nichts zu danken.	njé-sa-schta.	Нé за что.
Verzeihung!	prastítje!	Прости́те!
Wie bitte?	iswinítje, kak wy skasáli?	Извини́те, как Вы сказáли?
Ich verstehe Sie nicht.	ja was ni-panimáju.	Я Вас не понимáю.
Ich spreche nur wenig …	ja gawarjú tólka nimnóga …	Я говорю́ тóлько немнóго …
Können Sie mir bitte helfen?	wy móschytje pamótsch mnje?	Вы мóжете помóчь мне?
Ich möchte …	ja chatschú …	Я хочý …
gut/schlecht	charaschó/plócha	хорошó/плóхо
Haben Sie …?	u-was jest …?	У Вас есть …?
Wie viel kostet es?	skólka éta stóit?	Скóлько э́то стóит?
Wie viel Uhr ist es?	katóry tschas?	Котóрый час?
Wo ist hier die Toilette?	gdje sdjes tualét?	Где здесь туалéт?

KENNENLERNEN

Guten Morgen!	dóbraje útra!	Дóброе ýтро!
Guten Tag!	dóbry djen!	Дóбрый день!
Guten Abend!	dóbry wjétschir!	Дóбрый вéчер!
Seien Sie gegrüßt!	sdrástwujtje!	Здрáвствуйте!
Willkommen!	dabró paschálawat!	Добрó пожáловать!

Wie geht es Ihnen?	kak u-was dilá?	Как у Вас делá?
Wie geht es dir?	kak u-tibjá dilá?	Как у тебя́ делá?
Danke.	spassíba.	Спаси́бо.
Und Ihnen/dir?	a u-was/u-tibjá?	А у Вас/у тебя́?
Auf Wiedersehen!	da-swidánija!	До свидáния!
Tschüss!	paká!	Покá!

UNTERWEGS

Auskunft

links/rechts	naljéwa / napráwa	налéво / напрáво
geradeaus	prjáma	пря́мо
nah/weit	blíska / dalikó	бли́зко / далекó
Bitte, wo ist …?	skaschýtje, paschálsta, gdje …?	Скажи́те, пожá-луйста, где ...?
Gehen Sie über …	pirijdítje …	Перейди́те ...
… die Brücke.	… most.	... мост.
… die Straße.	… úlizu.	... улицу.
Wie weit ist das?	kak éta dalikó?	Как э́то далекó?

Unfall

Hilfe!	pamagítje!	Помоги́те!
Achtung!	wnimánije!	Внимáние!

Alphabet und Umschrift

Kyrillischer Buchstabe		Trans-kription	Trans-literation	Kyrillischer Buchstabe		Trans-kription	Trans-literation
А	а	a		С	с	s	
Б	б	b		Т	т	t	
В	в	w	v	У	у	u	
Г	г	g		Ф	ф	f	
Д	д	d		Х	х	ch	h
Е	е	e/je		Ц	ц	z	
Е	е	jo		Ч	ч	tsch	č
Ж	ж	sch	ž	Ш	ш	sch	š
З	з	s	z	щ	щ	schtsch	šč
И	и	i		Ъ	ъ		
Й	й	j			»harte« Aussprache		
К	к	k		Ы	ы	y	
Л	л	l		Ь	ь		
М	м	m			»weiche« Aussprache		
Н	н	n		Э	э	e	
О	о	o		ю	ю	ju	
Р	р	r		Я	я	ja	
П	п	p					

In diesem Band finden Sie zwei Arten der Umschrift: für den Text die in nichtwissenschaftlichen Büchern übliche Transkription, also die lautgerechte Übertragung in das lateinische Alphabet; für die Karten die Transliteration, bei der im kyrillischen Alphabet das sogenannte Háček, sprich Hatschek, einen Zischlaut angibt.

Rufen Sie bitte schnell …	wýsawitje býstra …	Вы́зовите бы́стро ...
… einen Krankenwagen.	… skóruju pómaschtsch.	... ско́рую по́мощь.
… die Polizei.	… milízyju.	... мили́цию.
… die Feuerwehr.	… paschárnuju kamándu.	... пожа́рную кома́нду.

ESSEN & TRINKEN

Wo gibt es hier ein gutes Restaurant?	gdje sdjes charó-schy ristarán?	Где здесь хоро́ший рестора́н?
Wo gibt es hier ein nicht zu teures Restaurant?	gdje sdjes nidara-gój ristarán?	Где здесь недорого́й рестора́н?
Gibt es hier eine gemütliche Kneipe?	jest sdjes ujútnaje kafjé?	Есть здесь ую́тное кафе́?
Reservieren Sie uns bitte für heute Abend einen Tisch für vier Personen.	sarisirwírujtje nam na-siwódnischnij wjétschir stol na-tschityrjóch tschilawjék, paschálsta.	Зарезерви́руйте нам на сего́дняшний ве́чер стол на четырёх челове́к, пожа́луйста.
Auf Ihr Wohl!	sa-wásche sdarówje!	За Ва́ше здоро́вье!
Bezahlen, bitte.	raschtschitájtis sa-mnoj, paschálsta.	Рассчита́йтесь со мной, пожа́луйста.
Hat es geschmeckt?	fkússna býla?	Вку́сно бы́ло?
	wam panráwilas?	Вам понра́вилось?
Es war ausgezeichnet.	býla priwaßchódna.	Бы́ло превосхо́дно.

ÜBERNACHTEN

Können Sie mir ein gutes Hotel empfehlen?	wy ni-passawjétujutje mnje charóschuju gastínizu?	Вы не посове́туете мне хоро́шую гости́ницу?
Können Sie mir eine Pension empfehlen?	wy ni-passawjétujutje mnje tschássny panssión?	Вы не посове́туете мне ча́стный пансио́н?
Haben Sie noch Zimmer frei?	u-was jest swabódnyje namirá?	У вас есть свобо́дные номера́?
Ein Einzelzimmer	adnamjéssny nómir	Одноме́стный но́мер
Ein Zweibettzimmer	dwuchmjéssny nómir	Двухме́стный но́мер
mit Bad	s-wánnaj	с ва́нной
für eine Nacht	na-adnú notsch	на одну́ ночь
für eine Woche	na-nidjélju	на неде́лю
Was kostet das Zimmer?	skólka stóit nómir?	Ско́лько сто́ит но́мер?
mit Frühstück?	s-sáftrakam?	с за́втраком?
mit Halbpension?	s-sáftrakam i úschynam?	с за́втраком и у́жином?

PRAKTISCHE INFORMATIONEN

Arzt

Können Sie mir einen guten Arzt empfehlen?	wy móschytje passawjétawat mnje charóschywa wratschá?	Вы мóжете посовéтовать мне хорóшего врачá?
Ich habe hier Schmerzen.	sdjes u-minjá balít.	Здесь у меня́ болúт.

Bank

Wo ist hier eine Bank/eine Wechselstube?	gdje sdjes bank/punkt abmjéna waljúty?	Где здесь банк/пункт обмéна валю́ты?
Ich möchte … *(Betrag)*	ja chatschú abminját …	Я хочу́ обменя́ть …
… Euro/	…jéwra	… éвро/
… Schweizer Franken/	… schwijzárskich fránkaf/	… швейцáрских фрáнков/
… Dollar	… dóllaraf	… дóлларов
… in Rubel wechseln.	… na-rublí.	… на рублú.

Post

Was kostet …	skólka stóit atpráwit	Скóлько стóит …
… ein Brief/	… pissmó/	… отпрáвить письмó/
… eine Postkarte	… atkrýtku	… откры́тку
… nach Deutschland?	… w-girmániju?	… в Гермáнию?

ZAHLEN

0	nol	ноль
1	adín *m*/ adná *f*/adnó *n*	однú/ однá/однó
2	dwa *m n*/dwjä *f*	два/две
3	tri	три
4	tschitýrje	четы́ре
5	pjat	пять
6	schest	шесть
7	sjem	семь
8	wóssim	вóсемь
9	djéwit	дéвять
10	djéssit	дéсять
11	adínazat	однúннадцать
12	dwinázat	двенáдцать
13	trinázat	тринáдцать
14	tschitýrnazat	четы́рнадцать
15	pitnázat	пятнáдцать
16	schyssnázat	шестнáдцать
17	simnázat	семнáдцать
18	wassimnázat	восемнáдцать
19	diwitnázat	девятнáдцать
20	dwázat	двáдцать
30	trízat	трúдцать
40	sórak	сóрок
50	pidissját	пятьдеся́т
60	schysdissját	шестьдеся́т
70	sjémdissit	сéмьдесят
80	wóssimdissit	вóсемьдесят
90	diwinósta	девянóсто
100	sto	сто
200	dwjésti	двéсти
300	trísta	трúста
1000	týssitscha	ты́сяча
2000	dwjä týssitschi	две ты́сячи
10000	djéssit týssitsch	дéсять ты́сяч
1/2	palawína	половúна
1/4	tschétwirt *f*	чéтверть

Reiseatlas Kaliningrader Gebiet

Die Seiteneinteilung für den Reiseatlas finden Sie auf dem hinteren Umschlag dieses Reiseführers

Kartenlegende Reiseatlas

le Mans-Est	Autobahn mit Anschlussstelle Motorway with junction
Datum, Date	Autobahn in Bau Motorway under construction
Datum, Date	Autobahn in Planung Motorway projected
R	Raststätte mit Übernachtungsmöglichkeit Roadside restaurant and hotel
R	Raststätte ohne Übernachtungsmöglichkeit Roadside restaurant
E	Erfrischungsstelle, Kiosk Snackbar, kiosk
T A	Tankstelle, Autohof Filling-station, Truckstop
	Autobahnähnliche Schnellstraße mit Anschlussstelle Dual carriage-way with motorway characteristics with junction
	Straße mit zwei getrennten Fahrbahnen Dual carriage-way
	Durchgangsstraße Thoroughfare
	Wichtige Hauptstraße Important main road
	Hauptstraße Main road
	Sonstige Straße Other road
	Fernverkehrsbahn Main line railway
	Bergbahn Mountain railway
	Autotransport per Bahn Transport of cars by railway
	Autofähre Car ferry
	Schifffahrtslinie Shipping route
	Landschaftlich besonders schöne Strecke Route with beautiful scenery
Routes des Crêtes	Touristenstraße Tourist route
	Straße gegen Gebühr befahrbar Toll road
	Straße für Kraftfahrzeuge gesperrt Road closed to motor traffic
	Zeitlich geregelter Verkehr Temporal regulated traffic
15%	Bedeutende Steigungen Important gradients

Kultur
Culture

★★ PARIS ★★ *la Alhambra*	Eine Reise wert Worth a journey
★ TRENTO ★ *Comburg*	Lohnt einen Umweg Worth a detour

Landschaft
Landscape

★★ Rodos ★★ *Fingal's cave*	Eine Reise wert Worth a journey
★ Korab ★ *Jaskinia raj*	Lohnt einen Umweg Worth a detour
	Besonders schöner Ausblick Important panoramic view
	Ausflüge & Touren **Excursions & tours**
	Nationalpark, Naturpark National park, nature park
	Sperrgebiet Prohibited area
4807	Bergspitze mit Höhenangabe in Metern Mountain summit with height in metres
(630)	Ortshöhe Elevation
	Kirche Church
	Kirchenruine Church ruin
	Kloster Monastery
	Klosterruine Monastery ruin
	Schloss, Burg Palace, castle
	Schloss-, Burgruine Palace ruin, castle ruin
	Denkmal Monument
	Wasserfall Waterfall
	Höhle Cave
	Ruinenstätte Ruins
	Sonstiges Objekt Other object
	Jugendherberge Youth hostel
	Flugplatz Airfield
	Regionalflughafen Regional airport
	Verkehrsflughafen Airport

A
B
C
10km
1
2
3
4
5
6
mys Taran
Svetlogorsk
(Rauschen)
Pionerskij
(Neu Kuhren)
Primor'e
(Groß Kuhren)
Donskoe
Prigorodnyj
Kulikovo
A192
Kovrovo
38
Krasnotorovka
(Heiligenkreutz)
Gorkovskoe
Romanovo
Sin'avino
Gračevka
Dunajevka
Jantarnyj
(Palmnicken)
79 Mel'nikov
Povarovka
Okunevo
30
Kumačevo
Pereslavskoe
Petrovo
Kruglovo
Kolosovka
Parusnoe
Logvino
Šipovka
Ljublino
Kostrovo
Primorsk
(Fischhausen)
36
Lesnoe
Nel'ma
A193
Vzmor'e
(Großheydekrug)
Svetlyj
(Zimmerbude)
Voločaevskoe
Rostock 35h
Šossejnoe
Baltijsk
(Pillau)
Komsomolsk
Laskino
Pribrežnyj
A194
Ušakovo
(Brandenburg)
Golubevo
zaliv
Ribačij
Svetloe
(Kobbelbude)
Laduškin
(Ludwigsort)
Novo-
Moskovskoe
Baltijskaja kosa
Kaliningradskij
Veseloe
Sovhoznoe
Medv
Znamenka
Novaja
Il'ičevka
64
Slavskoe
Pjatidorožnoe
(Bladiau)
Mamonovo
(Heiligenbeil)
Novosëlovo
Poberež'e
Kornevo
(Zinten)
Kornevka
Nw.
Karczma
Nowa
Pasłęka
Gronowo
Pograničnoe
Dolg
Bogato
Żelazna Góra
Piele
Kiwajny
Braniewo
22
Krynica
Morska
Głębock
Frombork
Siekiera
Sągnit
216
Zawierz
Lipowina
Wola
Lipowska
54
Lelkowo
P
O
L
Kandyty
W
a
r
m
i
a
Piotrowiec
Jędrychowo
Szalmia
507
Zięby
Pluty
Wierzno Wlk.
Chruściel
Płoskinia
Dwó
Wałsza
Pawły
Błudowo
Kurowo Bran.
Łoźnik
Pieniężno

112
109
D
E
F
S
K
A
R
O
S
(Rossitten)
Kurširskaja kosa
Kurššskaja
kosa
Fringilla
Kurššskij
Lesnoj
(Sarkau)
Zelenogradsk
(Cranz)
Pričaly
Šl'uzovaja
Bol'šie Be
Zalivino
Zapove
Matrosovo
Nemonin
Golovkino
(Nemonien)
Razino
Krasnoe
Belomorskoe
Polesskij kanal
Kaširskoe
Zalivnoe
Hrabrovo
(Powunden)
Nekrasovo
Ušakovka
Zalivino
Kaliningrad
(Hrabovo)
Maršal'skoe
Uzlovoe
Lazovskoe
Novgorodskoe
Slavjanskoe
Polessk
(Labiau)
Solohovo
Polessk
Mordovskoe
Saranskoe
A190
Dobrino
Baevka
Konstantinovka
A191
Nahimovo
Krasnyj Bo
Prudy
Zareč'e
Ivanovka
Novaj
Derev
Slavinsk
Gur'evsk
(Neuhausen)
Osinovka
KALININGRAD
(KÖNIGSBERG/PR.)
Malinovka
Kruglovka
Dejma
Eršovo
55
Soldatovo
A229
E28
E77
Borskoe
Talpaki
Pregolja
Lugovoe
(Gutenfeld)
Komsomol'sk
(Löwenhagen)
Višnevoe
Ozerki
(Gr. Lindenau)
Gvardejsk
(Tapiau)
Puška
Znamensk
(Wehlau)
Suvorov
Zelenopol'e
A196
Semenovo
Krasnoborskoe
Zareč'e
Bol'šaja
Poljana
Gordoe
Partizanskoe
Marijskoe
33
Južnyj
Čehovo
Fedotovo
39
Putilovka
Tišino
Oktjabr'skoe
Družba
(Altenburg)
Gvardejskoe
Filippovka
Rovnoe
Lava
Kurortnoe
Kostromi
A195
Pravdinsk
(Friedland)
Berezovo
Berezovka
Domnovo
(Domnau)
Roščino
Poreč'e
Stogovka
Rjabinovka
Bagrationovsk
(Preußisch Eylau)
Nadeždino
Ermakovo
Sevskoe
Lipr
Sopkino
A196
Širokoe
Świadki Iławeckie
Szczurkowo
Gałajny
Bezledy
Lipica
Rutka
Nowe Witki
Stopki
Gierkiny
Głomno
Aptynty
Leginy
Dzietrzychowo
Górowo Iławeckie
Piasek
19
51
BARTOSZYCE
(BARTENSTEIN)
Sępopol
Skandawa
48
Tolko
Wiatrowiec
Sątoczno
1
2
3
4
5
6

A
B
C
113
Sl'uzovaja
Matrdsov
Leninskoe
Pagėgiai
Panemunė
Neman
Rambyno kal.
Lumpe
Užbi
Bol'šie Berežki
Timirjazevo
(Neukirch)
Rževskoe
SOVETSK
(TILSIT)
Zapovednoe
Nemoninka
Ulitka
Slavsk
(Heinrichswalde)
A216
Neman
(Ragnit)
Vetrovo
Priozer'e
Gastellovo
Novokolhoznoe
Matrosovo
Artemovka
Nemonin
Rževka
Gromovo
Zlaja
Šepetovka
52
Krasnoe
Razino
Kanaš
Tyl'ža
Tarasovka
Ohotnoe
Golovkinskij kanal
Lugovaja
66
Lur
E77
Zlaja
Žilino
Rudakovo
Krasnoe
Dzeržinskoe
Zelenovo
Bol'šakovo
(Gr. Skaisgirren)
Osa
Zales'e
Višnevoe
Bogatovo
Sosnovka
(Gr. Baum)
Mučnaja
Kalinovka
Kalužskoe
60
Pridorožnoe
Krasnyj Bor
Vysokoe
Krasnaja Dubrovka
Stepnoe
Šč
Novaja Derevnja
Dal'nee
S
I
Krasnoe
J
Zagorskoe
Instruč
Zaručejnoe
Malinovka
Jel'niki
25
Privol'noe
Ovražnaja Novaja
Ol'hovka
Gremjač'e
Šovo
194
Perelesnoe
60
A216
Krasnooktjabr'skoe
Lesnoe
Maevka
Pissa
Talpaki
Gluškovo
Kamenskoe
Dovatorovka
ČERNJAHOVS
(INSTERBURG)
Deržavino
Puškarevo
A229
32
E28
Znamensk
(Wehlau)
Meždureč'e
Berežkovskoe
Angrapa
Golubaja
Krasnovka
Krasnopoljansko
Gordoe
Zelencovo
Svetaevka
32
A197
Svoboda
Šuvalovo
Ugrjumovo
Svoboda
Dotovo
Novobobrujsk
Krasnojarskoe
Volodarovka
Perevalovo
Judino
Sadovoe
Fruzenskoe
Mazurskij kanal
Gusevo
Borodinka
165
Lužki
Kostromino
Mozyr'
Novostroevo
Stogovka
Belkino
Ozer
Borodino
A197
Belabino
L'vovskoe
Lipnjaki
Podlipovo
Otradnoe
Mal'cevo
Panfilovo
Vatutino
Brjusc
Prasolovo
A196
Železnodorožnyj
(Gerdauen)
Zaozernoe
Krylovo
(Nordenburg)
Pograničnoe
Olszewo Węgorzewskie
Zabrost Wielki
Asuny
Brzeźnica
Perły
Aptynty
Sobiechy
Mołtajny
10km
63
Węgorapa
P
O
L
Pawłowo
650
Budry
Popioły
48
Wilczyny
Barciany
Węgielsztyn
110
Węgorzewo
(Angerburg)
Stręgiel
Wikrowo
Leśniew

Pagėnaičiai
Žukai
Viešvilės rez.
D
141
140
E
F
Jurbarkas
Skirsnemunė
Smalininkai
Nemunas
Gelgaudiškis
Viešvilė
Vėžininkai
Kiduliai
Karališkiai
137
1
Nemanskoe
Sudargas
Jotija
Livenskoe
L I E T U V A
Zarečnoe
Slavikai
Gotlybiškiai
Timofeevo
Tušino
Šešupė
Valakbūdis
Krasnoznamensk
(Lasdehnen)
Malomožajskoe
Belkino
Pobedino
Panoviai
2
Instruč
Turčinai
Nova
Uzlovoe
Arhangel'skoe
Poltavskoe
Pravdino
138
Moskovka
Saratovskoe
Kutuzovo
(Schirwindt)
Kudirkos-Naumiestis
Meždureč'e
Fevral'skoe
Dobrovol'sk
(Pillkallen)
Dubovskoe
Daržininkai
Vesnovo
Tret'jakovo
Sūdava
Majskoe
Sadovoe
Keturkaimis
3
Ul'janovka
Vysokoe
Tumannaja
Šeimena
Žalio
Širvinta
A198
Čapaevo
Kubanovka
98
Babuškino
Gudkaimis
Šikšniai
Furmanovka
Černyševskoe
Krasnogorskoe
Kybartai
Alvitas
74
Lomovo
63
A229
Nesterov
(Stallupönen)
E28
Severnoe
Virbalis
Dailučiai
Gusev
(Gumbinnen)
Pissa
Liepona
Lankeliškiai
Puškino
Iljušino
Matlaukys
Jasnaja Poljana
(Trakehnen)
4
Lipovo
Pokryškino
Būdviečia
Girėnai
Kaliningkoe
Čkalovo
Kunigiškiai
233
Nevskoe
(Pillupönen)
120
Il'inskoe
Skardupiai
Ol'hovatka
Krasnaja
Gražiški
Dubravka
Čistye Prudy
(Tollmingkehmen)
Vištytis
Kalinino
(Mehlkehmen)
Vištytis
Sadovoe
Pavištytis
oz. Vištyneckoe
Kadymka
Pugačevo
238
Lesistoe
282
5
Karamyševo
Gavrilovo
Krasnoles'e
(Groß Rominten)
Wiżajny
298
Raduznoe
Plavno
200
Żytkiejmy
Gromadczyzna
Kutuzovo
P u s z c z a   R o m i n c k a
Mazucie
651
Soliny
Pluszkiejmy
Gołdap
Błąkały
Kłajpeda
Skocze
Dubeninki
Hańcza
650
Wronki Wielkie
Kozaki
Przerośl
S
K
A
Różyńsk
Wlk.
Szeskie Wzg.
309
65
Olszanka
Kruszki
Grabowo
Wilkasy
Jeleniewo
Nasuty
Pogorzel
Filipów
Prudzi

KLAIPĖDA
(MEMEL)
MELNRAGĖ
Gindulai
SMILTYNĖ
(SANDKRUG)
SMELTĖ
Rimkai
Kairiai
København 22h
Fredericia 30h
Sassnitz 18 h
Kiel 25h
A
B
C
1
2
3
4
5
6
L
BALTIJOS
JŪRA
Kuršių nerija
Kuršių nerijos nac. p.
Neringa-Juodkrantė
Dreverna
Klaipėdos kanalas
Neringa-Pervalka
Neringa-Preila
Kuršių marios
Ventė
Pakalnė
Urbo Kalnas
Neringa-Nida
(Nidden)
Morskoe
(Pillkoppen)
Nac.p.
Kuršškaja kosa
Kuršškaja
kosa
Ribačij
(Rossitten)
Kurškij zaliv
Rybа
Pričaly
Zalivino
Fringilla
Lesnoj
(Sarkau)
Zelenogradsk
(Cranz)
Golovkino
(Nemonien)
Klincovka
Kaširskoe
Zalivnoe
Muromskoe
Hrabrovo
(Powunden)
Nekrasovo
Ušakovka
Zalivino
Polesskij kanal
Belomorskoe
Maršal's
Matrosovo
Uzlov
Lazovskoe
Polessk
(Labiau)
Solohovo
Sosnovka
168
A13
E272
A1
167
109

D
E
F
Lioliai
Žadeikiai
Vėžaičiai
Gargždai
E85
Endriejavas
Girdvainiai
Rietavas
164
Tverai
Aitra
Skaborai
Labardžiai
Pelaičiai
Girininkai
Rudgalviai
Spraudis
Šnaukštiai
Veiviržas
Šukaičiai
50
Lelenai
Jūra
Girėnai
Veiviržėnai
Poškos
Pežaičiai
Grimzdai
Judrėnai
Žadeikiai
Prapymas
Šalpė
Šalpėnai
126
Diegliai
Kvėdarna
Pajūralis
162
Skomantai
Švėkšna
Šilalė
Lokysta
Vilkyčiai
Ašva
Stemplės
Rudlaukis
141
I E T U V A
Teneniai
Inkakliai
Saugos
Jučaičiai
Pajūris
Tenenys
Meškinė
Mišu
Gardamas
165
Šyliai
Bikavėnai
Gorainiai
Žvingiai
87
Grabupiai
Traksėdžiai
Šyša
Žemaičių
Naumiestis
Vainutas
Didkiemis
Jūra
Kivyliai
Šilutė
Laučiai
Nemunas
Degučiai
Žygaičiai
59
Gaideliai
Žalgiriai
Pašyšiai
Katyčiai
Juknaičiai
Būdviečiai
Vyžiai
Šyša
Sartininkai
Kesčiai
Sausgalviai
Kūgeliai
Kamona
Natkiškiai
Verže
Usėnai
Šakiai
Levoberežnoe
(Schakuhnen)
Stoniškiai
Kulmenai
E77
Plaškiai
Gėgė
Gudai
Jasnoe
(Kaukehmen)
Gorodkovo
Piktupėnai
Mostovoe
Matrosovka
78
Vilkyškiai
Pagėgiai
Leninskoe
Neman
Panemunė
Rambyno kal
Lumpėnai
Ržеvskoe
Užbičiai
Timirjazevo
(Neukirch)
SOVETSK
(TILSIT)
Nemoninka
Slavsk
(Heinrichswalde)
A216
Neman
(Ragnit)
Ulitka
Vetrovo
Bol. Selo
Priozer'e
Gastellovo
Novokolhoznoe
Artemovka
Ržеvka
Gromovo
Zlaja
52
Krasnoe Selo
Šepetovka
Kanaš
Tyl'ža
Ohotnoe
Lunino
66
Golovkinskij
kanal
Lugovaja
Zlaja
E77
Žilino
Rudakovo
Dzeržinskoe
10km
Zelenovo
Bol'šakovo
(Gr. Skaisgirren)
Zales'e
Bogatovo
Ul'janovo

110

A
B
C
1
3
4
5
6
Neu
OSTSEE / BALTISKOE MORE
Bernsteinküste
Brüster Ort/
Taran mys
Brüsterort/
Маяк
Sperr-
gebiet
Kl. Kuhren/
Филино
Gr. Kuhren/
Приморье
(Finken)
Rauschen/
Светлогорск
A192
LOPPÖHNEN/
Рыбное
(Wangen-
krug)
Gr. Dirsch-
keim/
Донское
Schalben/
Орехово
Warnicken/
Лесное
Georgenswalde/
Отрадное
(Dirschkeimer
Schlucht)
Marscheiten/
Марьинское
Neu
Katz-
keim/
Баркасово
(Battau)
(Kreis-
lacken)
(Mandt-
keim)
(Alt
Katz-
keim)
(Kirtig-
ehnen)
(Alex-
wangen)
Posse
Nött-
nicken/
Прислово
Wang-
nicken/
Янтаровка
Nortycken/
Горбатовка
St. Lorenz/
Сальское
Rauschener Mühlen-Fließ/
Svetlogorka
56
Plinken/
Лесенково
Kraam/
Грачевка
Pokalk-
stein/
Богатое
Obrotten/
Ольшанка
86
Kalthöfen
Groß Hubnicken/
Синявино
Ihlnicken/
Сараево
Heiligenkreutz/
Красноторовка
Klycken/
Клюквенное
Tolklauten/
Калиново
Regehnen/
Дубровка
Bieskob-
nicken/
Охотное
(Lindenbg.)
Woydiethen/
Листовое
Mühlenfließ/
Mučnaja
Thierenb.
(Lopsienen)
Bernstein-
Abbaugebiet
Kl. Hubnicken/
Кленовое
(Kraxtepellen)
(Bardau)
80
Weidehnen/
Шатрово
(Syndau)
Palmnicken/
Янтарный
(Dorbnicken)
Bersnicken/
Ягодное
Kl. Dirschkeim/
Двороики
Stapornen/
Веткино
Pracher
Gr. Hausen
89
Lindenberg
63
(Korwingen)
Seehundstein Haken/
Pestżany mys
Warschken/
Вершково
34
(Romehnen)
Drugthenen/
Гусевка
(Kotz-
lauken)
(Willkau)
Barholz/
Листопадовка
Sorgenau/
Покровское
Germau/
Русское
[Leng-
niethen]
Markehnen/
Красновка
(Gr. Ladt-
keim)
(Auerhof)
Krattlau/
Сычево
(Thierenberg)
(Thieren-
berger
Mühle)
(Arissau)
(Lesnicken)
S
a
Kirpehnen/
Поваровка
(Powayen)
(Grebieten)
Sacherau/
Морозовка
(Kojelmen)
75
Kumehnen/
Кумачево
[Nodems]
Gauten/
Путилово
Norgau/
Медведево
(Pojerstieten)
(Rothenen)
Polennen/
Круглово
Korjeiten/
Путилово
(Kobjeiten)
(Saltnicken)
Linkau/
Тихореченское
(Kosnehnen)
(Osterau)
(Bohnau)
Primorskaja
(Ponacken)
(Littausdf.)
Kompehnen/
Нивы
(Ziegen-
berg)
(Kl. Medenau)
Gaffken/
Парусное
(Wisch-
ehnen)
(Sanglienen)
A192
Kallen/
Цветное
Kragau/
Прохладное
Medenau/
Логвино
Neuen-
dorf/
Дивное
(Godnicken)
Germauer Mühlenfließ/
Seeberge
63
Mühlenfließ/
Nel'ma
Powayen/
Черепаново
[Dargen]
Wischrodter
(Schuditten)
30
(Tenkitten)
Kaspers-
höfen/
Дорожное
(Forken)
Gr. Blumenau/
Кремнево
Klein-
Blumenau/
Кремнево
Fischhausen/
Приморск
Bludau/
Кострово
(Kobbel-
bude)
A193
(Lochstädt)
Forst
(Elens-
krug)
Fischhausener Wiek/
Primorskaja buhta
Königsberger Abwasserkanal/
Kaliningradskij otvodnoj kan.
Widitten/
Ижевское
A193
(Neplecken)
(Wald-
krug)
5
[NEUHÄUSER]
Fischhauser
Wald
Königsberger-S
Светлый
Zimmerbude/
Светлый
Pillau/
Балтийск
Peyse/
Светлый
Frisches Haff
Kamstigaller Spitze
Peyser Haken/
Pribrešnaja kosa
[KAMSTIGALL]
NEUTIEF/
Коса
Königsberger-See-Kanal/
Kaliningradskij morskoj kanal
Kaliningradskij zaliv
5 km
Korschenruh/
Ладыгино

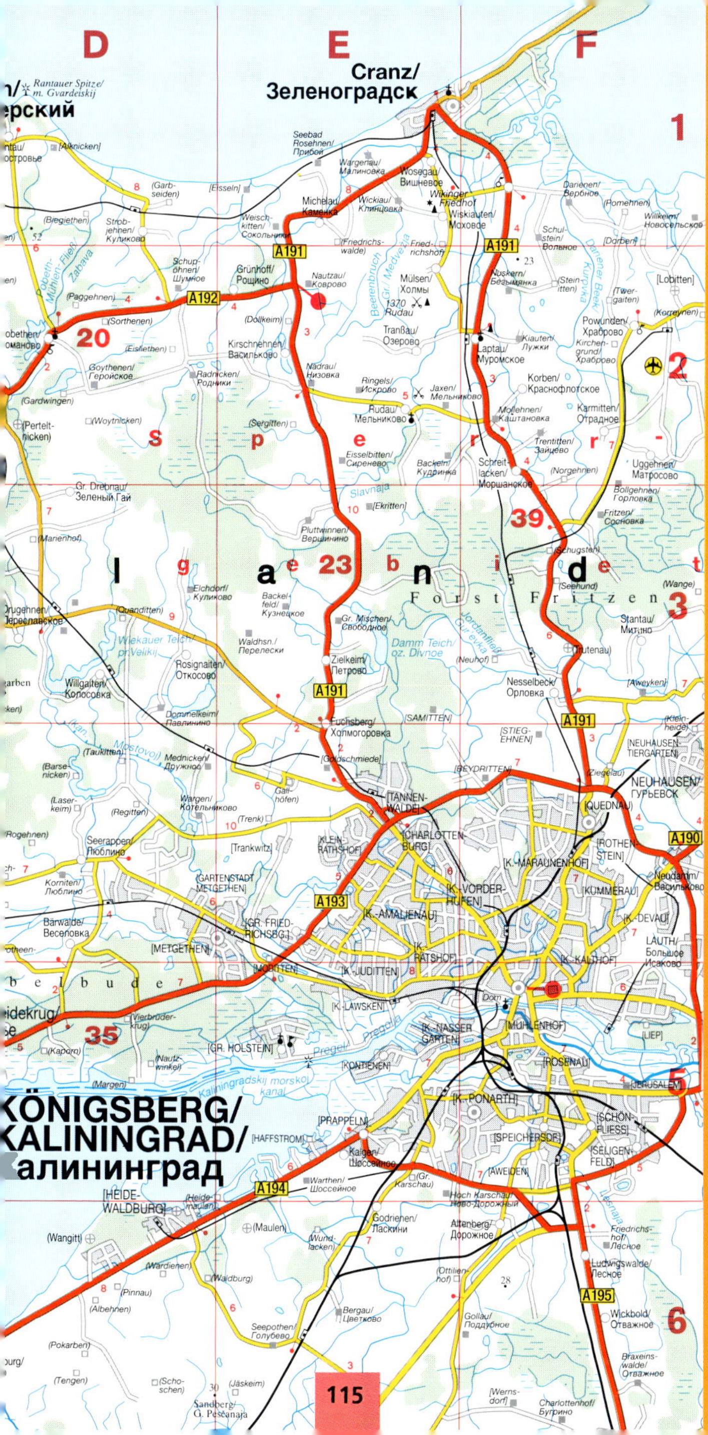

D
E
F
Cranz/
Зеленоградск
Rantauer Spitze/
m. Gvardeiskij
1
2
3
5
6
Seebad Rosehnen/
Прибой
[Alknicken]
Wargenau/
Малиновка
Wosegau/
Вишневое
Wikinger Friedhof
Wiskiauten/
Мохово
Darienen/
Вербное
(Pomehnen)
Willkeim/
Новосельское
(Garbseiden)
[Eisseln]
Michelau/
Каменка
Wickiau/
Клинцовка
Strobjehnen/
Куликово
Weischkitten/
Сокольники
(Bregiethen)
(Friedrichswalde)
Friedrichshof
Schulstein/
Вольное
(Dorben)
A191
A192
A193
A194
A195
A190
Schupöhnen/
Шумное
Grünhoff/
Рощино
Nautzau/
Коврово
Mülsen/
Холмы
1370 Rudau
Nuskern/
Безымянка
(Steinitten)
[Lobitten]
(Twergaiten)
(Paggehnen)
(Sorthenen)
(Dollkeim)
Beerenbruch
Tranßau/
Озерово
Powunden/
Храброво
(Korreynen)
Kirchengrund/
Храброво
Laptau/
Муромское
Kiauten/
Лужки
20
(Eisliethen)
Kirschnehnen/
Васильково
Goythenen/
Геройское
Radnicken/
Родники
Nadrau/
Низовка
Ringels/
Искрово
Jaxen/
Мельниково
Korben/
Краснофлотское
Karmitten/
Отрадное
(Gardwingen)
Rudau/
Мельниково
Mollehnen/
Каштановка
(Woytnicken)
(Pertelticken)
(Sergitten)
Eisselbitten/
Сиреневo
Backeln/
Кудринка
Schreitlacken/
Моршанское
Trentitten/
Зайцево
(Norgehnen)
Uggehnen/
Матросово
Bollgehnen/
Горловка
Fritzen/
Сосновка
Gr. Drebnau/
Зеленый Гай
Slavnaja
[Ekritten]
39
Pluttwinnen/
Вершинино
(Marienhof)
(Schugsten)
(Seehund)
(Wange)
23
Forst Fritzen
Eichdorf/
Куликово
Backelfeld/
Кузнецкое
(Quanditten)
Gr. Mischen/
Свободное
Stantau/
Митино
Jordanfließ
Waldhsn./
Перелески
Zielkeim/
Петрово
Damm Teich/
oz. Divnoe
(Neuhof)
(Trutenau)
Wiekauer Teich/
pr. Velikij
Rosignaiten/
Откосово
Willgaiten/
Колосовка
Nesselbeck/
Орловка
[Aweyken]
Dommelkeim/
Павлинино
Fuchsberg/
Холмогоровка
[SAMITTEN]
[STIEGEHNEN]
[NEUHAUSEN-TIERGARTEN]
(Taukitten)
Mednicken/
Дружное
[Goldschmiede]
[BEYDRITTEN]
(Ziegelau)
NEUHAUSEN/
ГУРЬЕВСК
(Barsenicken)
(Laserkeim)
Wargen/
Котельниково
Gallhöfen
[TANNENWALDE]
[QUEDNAU]
(Regitten)
(Trenk)
[Trankwitz]
[KLEIN-RATHSHOF]
[CHARLOTTENBURG]
[ROTHENSTEIN]
(Rogehnen)
Seerappen/
Люблино
[K.-MARAUNENHOF]
Neudamm/
Васильково
Korniten/
Люблино
[GARTENSTADT METGETHEN]
[K.-VORDERHUFEN]
[KUMMERAU]
Barwalde/
Веселовка
[GR. FRIEDRICHSBG.]
[K.-AMALIENAU]
[K.-DEVAU]
[METGETHEN]
[K.-RATSHOF]
LAUTH/
Большое Исаково
[MODITTEN]
[K.-JUDITTEN]
[K.-KALTHOF]
[K.-LAWSKEN]
Dom
[K.-NASSER GARTEN]
[MÜHLENHOF]
[LIEP]
(Vierbrüderkrug)
35
[GR. HOLSTEIN]
(Kaporn)
(Nautzwinkel)
Pregel
[KONTIENEN]
[ROSENAU]
(Margen)
Kaliningradskij morskoj kanal
[JERUSALEM]
KÖNIGSBERG/
KALININGRAD/
Калининград
[K.-PONARTH]
[SCHÖNFLIESS]
[PRAPPELN]
[HAFFSTROM]
[SPEICHERSDF.]
[SELIGENFELD]
Kalgen/
Шоссейное
Warthen/
Шоссейное
(Gr. Karschau)
[AWEIDEN]
[HEIDEWALDBURG]
(Heidemaulen)
Hoch Karschau/
Ново-Дорожный
Friedrichshof/
Лесное
(Wangitt)
(Maulen)
Godrienen/
Ласкино
Altenberg/
Дорожное
(Wundlacken)
Ludwigswalde/
Лесное
(Wardienen)
(Waldburg)
(Ottilienhof)
(Pinnau)
(Albehnen)
Bergau/
Цветково
Gollau/
Поддубное
Wickbold/
Отважное
Seepothen/
Голубево
(Pokarben)
Braxeinswalde/
Отважное
(Tengen)
(Schoschen)
(Jäskeim)
Sandberg/
G. Pescanaja
[Wernsdorf]
Charlottenhof/
Бугрино

Hier finden Sie alle in diesem Reiseführer erwähnten Orte und Ausflugsziele, wichtige Sachbegriffe und Personen. Halbfette Seitenzahlen verweisen auf den Haupteintrag, kursive auf ein Foto.

Schreiben Sie uns!

Liebe Leserin, lieber Leser,

wir setzen alles daran, Ihnen möglichst aktuelle Informationen mit auf die Reise zu geben. Dennoch schleichen sich manchmal Fehler ein – trotz gründlicher Recherche unserer Autoren/innen. Sie haben sicherlich Verständnis, dass der Verlag dafür keine Haftung übernehmen kann. Wir freuen uns aber, wenn Sie uns schreiben.

Senden Sie Ihre Post an die MARCO POLO Redaktion,
Mairs Geographischer Verlag, Postfach 31 51, 73751 Ostfildern,
marcopolo@mairs.de

Impressum

Titelbild: Kaliningrad, Dom (R. Hackenberg)
Fotos: R. Freyer (U l., 59, 75, 76, 88); R. Hackenberg (1, 2 u., 5 l., 5 r., 6, 7, 9, 11, 12, 15, 17, 18, 20, 22, 26, 28, 31, 33, 38, 41, 42, 49, 50, 51, 58, 60, 62, 64, 67, 69, 72, 78, 80, 82, 85, 87, 91, 92, 94, 105); V. Janicke (4, 70); Lade: Truöl (U r.); Mauritius: fm (U M.); K. U. Müller (35); T. Plath (2 o., 24, 25, 44, 47, 52, 54, 57, 66, 71); Visum: Korall (27)

1. (4.), komplett neu erstellte Auflage 2004 © Mairs Geographischer Verlag, Ostfildern
Herausgeber: Ferdinand Ranft, Chefredakteurin: Marion Zorn
Redaktion: Manfred Pötzscher, Bildredaktion: Gabriele Forst
Kartografie Reiseatlas: © Mairs Geographischer Verlag/Falk Verlag, Ostfildern; Höfer Verlag, Dietzenbach
Gestaltung: red.sign, Stuttgart
Sprachführer: in Zusammenarbeit mit Ernst Klett Verlag GmbH, Stuttgart, PONS Wörterbücher

Printed in Germany. Gedruckt auf 100% chlorfrei gebleichtem Papier

Bloß nicht!

Dinge, über die Sie Bescheid wissen oder die Sie besser vermeiden sollten

Rohbernstein schmuggeln

Die Zöllner kennen alle Tricks und fast jedes Versteck, daher versuchen Sie es gar nicht erst, Rohbernstein außer Landes zu schmuggeln: Es ist streng verboten und wird mit saftigen Strafen geahndet. Dass mafiöse Schmuggler den lukrativen Rohstoff tonnenweise ins Ausland schaffen, sollte Sie nicht zu Abenteuern verführen. Natürlich wird niemand etwas dagegen haben, wenn Sie Ihre Fundstücke vom Strand mit nach Hause nehmen. Die Grenzbeamten suchen nach anderen Kalibern, ab 50 g wird es heiß. Legal gekauften Schmuck können Sie ausführen, wenn auch nur in Maßen: Persönlicher Bedarf sollte noch erkennbar sein.

Auf der Straße Geld tauschen

Vor allem in der City stehen sie an jeder Ecke und bieten Rubel zu besseren Kursen an: Geldwechsler. Seien Sie vorsichtig! Gauner unter ihnen merken sofort, wer unerfahren ist, und schnell werden Sie übers Ohr gehauen. Rubelblüten? Nein, das kommt nur noch selten vor. Aber vielleicht merken Sie bald, dass Sie trotz aller Vorsicht doch weniger Geld erhalten haben, als man Ihnen vorzählte. Reklamationen? Vergessen Sies. Besser also gleich in eine offizielle Wechselstube gehen. Da gibts zudem eine Quittung – die Sie mitunter beim Umtausch-Nachweis an der Grenze brauchen können.

FKK

Mögen Kaliningrads junge Frauen im Sommer auch in atemberaubend kurzen Miniröcken durch die Stadt flanieren – am Strand ist Textil angesagt. Halten Sie sich in punkto Freizügigkeit besser zurück, das kommt nicht gut an im prüden Russland. Am besten suchen Sie sich abgelegene Strände, an denen das Nacktbaden ohne Probleme möglich ist, etwa auf der Kurischen Nehrung. Dorthin, an den *dikij pljasch,* den »wilden Strand«, zieht sich auch Kaliningrads (wachsende) FKK-Anhängerschaft zurück.

Sperrgebiete betreten

Bis heute gibt es im Kaliningrader Gebiet viele militärische Sperrgebiete, und es kann nur dringend davor gewarnt werden, die zu betreten. Die Armee versteht nur wenig Spaß. Vom Zustand verrosteter Schilder (weißer Balken auf rotem Kreis oder russisch-/englisch-/deutschsprachige Verbotstafeln) und der Absperrungen sollten Sie keinesfalls auf den Grad der Bewachung schließen.